BUZZ

© 2022, Buzz Editora
© 2022, Shirleyson Medeiros Kaisser

Publisher ANDERSON CAVALCANTE
Editora TAMIRES VON ATZINGEN
Assistente editorial JOÃO LUCAS Z. KOSCE
Estagiária LETÍCIA SARACINI
Preparação LIGIA ALVES
Revisão CRISTIANE MARUYAMA, GABRIELA ZEOTI
Projeto gráfico ESTÚDIO GRIFO
Assistentes de design FELIPE REGIS, NATHALIA NAVARRO
Foto de capa EDUARDO MOZER

Nesta edição, respeitou-se o novo Acordo Ortográfico da Língua Portuguesa.

Dados Internacionais de Catalogação na Publicação (CIP) de acordo com ISBD

Q13p
Kaisser, Shirleyson
 O poder do decreto / Shirleyson Kaisser
 São Paulo: Buzz Editora, 2022.
 144 pp.
 ISBN 978-65-5393-025-4

 1. Autoajuda. 2. Deus. 3. Literatura cristã. I. Título.
 2022-514   CDD 158.1
                   CDU 159.947

Elaborado por Odilio Hilario Moreira Junior – CRB-8/9949

Índice para catálogo sistemático:
Autoajuda 158.1
Autoajuda 159.947

Todos os direitos reservados à:
Buzz Editora Ltda.
Av. Paulista, 726 — mezanino
CEP: 01310-100 — São Paulo/SP
[55 11] 4171 2317 | 4171 2318
contato@buzzeditora.com.br
www.buzzeditora.com.br

Shirleyson Kaisser

O PODER DO DECRETO

9	Prefácio
13	Prólogo
17	1. As batalhas
27	2. O inimigo
35	3. A palavra
47	4. As armas
69	5. A identidade
79	6. Entendendo os decretos
91	7. Minhas experiências
107	8. O decreto
115	9. O caderno de decretos
121	10. A vitória
131	11. Meu primeiro decreto

Dedico este livro a todos os pecadores que foram justificados em Cristo Jesus!

Prefácio

Lembro como se fosse hoje: conheci o Kaisser em um evento de marketing digital na Barra da Tijuca, no Rio. De imediato, criamos uma conexão muito forte. Começamos a conversar e rapidamente eu já estava falando dos meus problemas e de como queria vencê-los. Ele também me contou coisas bastante íntimas da sua vida. Estranhamente, parecia que éramos amigos havia muitos anos. Com o passar do tempo, nossa amizade foi crescendo, e hoje considero que se tornou uma irmandade. O Kaisser é um grande irmão que Deus me deu na vida e na fé.

Eu sempre soube que o Kaisser era muito ligado a Deus, tinha muita intimidade com Ele, e essa comunhão foi mexendo comigo. Cada vez que nos encontrávamos, ele falava da relação que tinha com Deus. Contava sobre como Deus falava com ele, e eu sempre ficava muito tocado quando escutava aquilo, ficava pensando em como Deus podia de fato falar com alguém. Pedia ao Kaisser, então, que me explicasse como era isso de Deus falar com ele, e ouvia como resposta que, quando ele perguntava algo a Deus, sentia uma certeza tão forte queimando dentro de si que não havia como não ser uma resposta divina; Kaisser tinha certeza disso.

A partir de certo momento, comecei a pedir insistentemente a Deus que falasse comigo também. Até que um dia fui a um evento que mudou a minha vida. Era um evento do Kaisser: o Clube 6e1 drive-in, que aconteceu no Allianz Parque. O Kaisser e eu estávamos conversando no camarim e ele começou a falar sobre a organização, sobre como estava sendo turbulenta, como forças espirituais estavam agindo fortemente querendo acabar com tudo aquilo, por causa de todas as coisas maravilhosas que poderiam acontecer ali. Ele disse que, por meio da oração e da comunhão que tinha com Deus, todas essas forças haviam sido quebradas e que durante todo aquele tempo Deus falava com ele.

Em seguida, o Kaisser saiu do camarim e eu imediatamente comecei a falar com Deus, a questioná-lo: se Ele falava com o Kaisser, por que não falava comigo? O que o Kaisser fazia? Qual era a mágica que acontecia e eu não entendia? Comecei a clamar: "Deus, fala comigo! Fala comigo! Eu não saio daqui até o Senhor falar comigo". Logo depois, fui para o palco do evento, onde havia um espaço especial reservado para alguns convidados. Quando pisei ali, senti um poder mágico, uma energia sobrenatural. Senti algo muito forte, comecei a chorar e a pedir a Deus que falasse comigo. E, naquele dia, Deus falou comigo. Ele me revelou os propósitos que tinha para mim e o que Ele queria para a minha vida.

Essa história foi o início, só para mostrar como o Kaisser foi relevante para minha vida ao me mostrar um lado de Deus que eu não conhecia. O que o Kaisser apresenta neste livro foi o que resolveu o conflito mais difícil de toda a minha história. Eu estava passando por grandes problemas, mas um em especial mexia muito comigo. Era algo que se arrastava havia muito tempo e que parecia não ter solução, nada era resolvido. Até que o Kaisser me apresentou uma ferramenta que eu não conhecia, que se chama DECRETO. Enquanto me explicava sobre o decreto, ele me mostrava como aquelas linhas eram poderosas e dizia que eu poderia escrever um que resolveria qualquer conflito, qualquer situação que tivesse interferência no mundo espiritual. E então me passou um modelo.

Kaisser disse que, ao escrever, eu deveria acreditar, com todo o meu coração, em cada palavra que estava escrevendo. Fazendo isso, Deus agiria por meio daquele decreto. E assim eu fiz. Em pouco tempo a situação que eu precisava resolver foi resolvida. Depois disso, usei o decreto outras vezes, e em todas elas tudo se resolveu rapidamente. Esse decreto tem o poder de acessar o mundo espiritual e de resolver conflitos e situações que para muitos pareceriam impossíveis. O decreto, pelo poder de Deus, abre uma janela no céu e conecta você diretamente com o trono, fazendo-o conquistar o favor de Deus de maneira imediata.

Eu sou a prova viva de que este livro é mais do que verdadeiro, poderoso e sobrenatural.

Tiago Fonseca
Fundador e CEO da Mundo Pictures.
Criador do Canal Tiago Fonseca, o maior da América Latina sobre Empreendedorismo.

Prólogo

Eu sou a prova do amor de Deus, e não tenho dúvidas disso. Quem conhece minha história entende o que estou falando. Inúmeras foram as vezes em que pude sentir claramente Deus atuando na minha vida. E foi vivenciando essas experiências únicas que, cada vez mais, me apaixonei por Deus.

Construir um relacionamento com Deus não é fácil. O mundo nos coloca à prova a todo momento. Vivemos batalhas físicas e espirituais que, infelizmente, abalam nossa fé.

Mesmo assim, Deus sempre está lá, esperando nosso retorno e pronto a nos abençoar. Entendo que este livro é uma bênção, não só para mim que o escrevi, mas também para você que o lerá. Acredito que Deus me usou para falar com você e ajudá-lo a conquistar a sua tão sonhada vitória.

Espero que, ao final desta obra, você permita que Deus aja sobre a sua vida poderosamente, pois Ele tem planos incríveis para você. Se não fosse assim, você não teria sido criado à Sua imagem e semelhança. Ele o fez Filho, Herdeiro. Ele deu a você o poder e a autoridade sobre esta terra. E Ele quer que você reconheça sua identidade e assuma seu papel.

Permita-se ouvir e sentir os planos de Deus para sua vida.

ELE O FEZ FILHO, HERDEIRO.
ELE DEU A VOCÊ O PODER E A
AUTORIDADE SOBRE ESTA TERRA.
E ELE QUER QUE VOCÊ RECONHEÇA
A SUA IDENTIDADE E ASSUMA
SEU PAPEL.

Capítulo 1

AS BATALHAS

Como cristãos, nossa vida é cercada por batalhas, algumas fáceis e outras que temos a impressão de que jamais conseguiremos vencer. Jesus nunca nos prometeu que não haveria batalhas, nem que não teríamos aflições; pelo contrário, Ele deixou claro que no mundo teríamos aflições e em seguida disse para termos bom ânimo, porque Ele já venceu o mundo.

Se você leu o meu livro *Nunca foi sorte, sempre foi Deus*, que conta resumidamente minha história até aqui, deve ter percebido o quanto a minha vida foi rodeada por batalhas cada vez maiores e mais difíceis que as anteriores. Isso é comum na vida da maioria das pessoas, e na minha não seria diferente.

Muitos que me encontram em eventos ou palestras me falam: "Nossa! Você teve tanta força! Você não desistiu, mesmo quando a vida fez isso ou aquilo contigo, e isso me deu força". Apesar de ficar bastante feliz por ver as pessoas se inspirando e ganhando força por saber que eu consegui vencer as batalhas que apareceram até então, o meu maior desejo é que há dez anos eu soubesse de verdade como enfrentá-las.

Talvez, se soubesse o que sei hoje, eu não tivesse passado por tudo o que passei para chegar aonde cheguei. Talvez muitas das batalhas que enfrentei e tive que lutar pudessem ser vencidas de maneira simples e fácil como acontece hoje.

Quando eu digo "simples e fácil", não estou querendo dizer que não enfrento batalhas ou que não há dificuldades nas batalhas que enfrento hoje. Pelo contrário: as batalhas são cada vez maiores, afinal o inimigo não desiste, mesmo sabendo que é um derrotado. Porém, quando sabemos lutar da maneira correta, as batalhas são vencidas com mais tranquilidade. Hoje não sinto, por exemplo, o desespero e o medo que tive diante de outras batalhas, pois já sei como será o final.

Como empresário, sempre busquei a maior quantidade possível de informações para conseguir gerenciar as minhas empresas e negócios e fazê-los prosperar. Mesmo tendo parado de estudar na 7ª série do ensino fundamental, como contei no livro *Nunca foi sorte, sempre foi Deus*, sempre busquei conhecimento nos mais variados meios e locais.

Além disso, investi bastante em mentorias, cursos, livros e, principalmente, dediquei muito tempo a aprender e colocar em prática estratégias que pudessem facilitar minha jornada como empreendedor.

Salomão já dizia que devemos buscar a sabedoria mais do que a prata e o mais fino ouro. Nessa busca por conhecimento, um livro que me foi muito útil e que recomendo para qualquer empreendedor ou líder é *A arte da guerra*, de Sun Tzu.

Com essa obra eu aprendi coisas valiosíssimas que me servem de inspiração para contextualizar o que preciso passar para você neste exato momento.

> **"Conheces teu inimigo e conhece-te a ti mesmo; se tiveres cem combates a travar, cem vezes serás vitorioso. Se ignoras teu inimigo e conheces**

> a ti mesmo, tuas chances de perder e de ganhar serão idênticas. Se ignoras ao mesmo tempo teu inimigo e a ti mesmo, só contarás teus combates por tuas derrotas."
> Sun Tzu

Sempre acreditei que isso se referisse somente às guerras reais do mundo empresarial e da liderança. Nunca dei a devida atenção ao fato de que também se aplica ao mundo espiritual, que, da mesma forma, é regido por leis do mundo natural.

Uma batalha no mundo espiritual não é tão diferente de uma guerra de liderança ou de um conflito no mundo natural. Na verdade, muito se assemelha, porém não observamos quem é nosso inimigo e quais são as vantagens e desvantagens dele em comparação com as nossas. Sem entender esses fatores, acabamos lutando as nossas batalhas com as armas erradas ou subestimamos nosso inimigo.

O Japão subestimou os Estados Unidos na Segunda Guerra Mundial quando decidiu atacar Pearl Harbor, e teve que pagar um alto preço por isso. O custo foi a destruição de duas cidades pelas explosões das bombas atômicas: Hiroshima e Nagasaki. E se eu dissesse que você tem uma bomba atômica maior do que todas as que a humanidade já viu e que está com você o poder de usá-la e destruir completamente o inimigo e seus aliados com um único golpe, como foi o caso das bombas lançadas no Japão?

Talvez sua reação seja: "Não é possível! Estamos em pleno século XXI. Se existisse uma arma no mundo espiritual com o mesmo poder de uma bomba atômica, alguém já teria descoberto e ela já teria chegado ao conhecimento do povo de Deus". Foi exatamente assim que pensei e reagi quando recebi diretamente do Espírito Santo a maleta que controla todas as ogivas nucleares que Ele me deu, com seus respectivos códigos de lançamentos nucleares. Quando usados, esses códigos têm o poder de parar todo e qualquer movimento do inimigo. E o mais incrível é que cada um de nós tem essa mesma maleta com os mesmos códigos nucleares, porém não os usamos.

Veja bem, os Estados Unidos e as outras potências continuam tendo suas bombas atômicas. O presidente norte-americano continua andando com sua maleta de controle do arsenal nuclear e com suas respectivas chaves, pronto para lançar, a qualquer momento, um ataque contra qualquer nação e com poder para destruir completamente, em instantes, o inimigo.

No mundo natural, a decisão de usar ou não o seu poder está na mão dele. O motivo de não usar o arsenal para resolver os conflitos pequenos é o poder de destruição dessa arma, que dá tanta segurança ao país que o detém que o torna ainda mais responsável e calmo. Pois, quando você é uma nação como os Estados Unidos e alguém começa a ameaçá-lo ou aos seus cidadãos, você sempre estará muito mais disposto a tentar resolver tudo de maneira pacífica. Afinal, se porventura as coisas ficarem bastante drásticas, você conseguirá aniquilar o inimigo com o apertar de um botão.

As batalhas que encontramos em nossa caminhada com Deus são semelhantes, e todos temos o mesmo poder que os Estados Unidos tiveram sobre o Japão para causar um grande estrago no inimigo e fazê-lo recuar imediatamente.

Desde que me entendo por gente, minha vida tem sido uma sucessão de batalhas. Acabava uma e já vinha outra. Às vezes eu tinha a sensação de mal ter acabado uma ou de ainda estar em meio a uma batalha e já aparecer outra. Talvez você esteja se sentindo assim hoje: sufocado pelas batalhas que surgem de todos os lados e o tempo todo.

Em muitos momentos temos a sensação de estar enxugando gelo e nos sentimos abandonados por Deus, como se Ele não estivesse vendo ou não se importasse com nossas batalhas. Mas isso não é verdade. O Senhor se importa com todas as nossas batalhas, e lutará pessoalmente por nós em todas aquelas em que não formos capazes de lutar. Ele só não precisa lutar uma batalha em que já nos deu a vitória, uma batalha para a qual Ele já nos deu todas as armas para que possamos vencer.

Imagine que você tenha um filho e aconteça a seguinte situação em que ele olha para você e fala: "Pai, estou com fome". Você responde: "Filho, tem comida na geladeira, frango assado no forno, pão em cima da mesa e, se isso não for o suficiente, pode pedir no delivery algo para comer". Porém, em vez de o seu filho resolver o problema, ele continua dizendo: "Pai, estou com fome". E você diz: "Coma, meu filho, está tudo aqui". Você mostra o alimento, prepara para ele, coloca pronto no prato. Mas, em vez de comer, ele diz novamente: "Pai, estou com fome!".

Você deve estar pensando que não faz o menor sentido essa história, não é? E se eu disser que é exatamente isso que você faz com Deus quando pede a Ele para resolver um problema que já foi resolvido? Muitas vezes nos colocamos em situações das quais não deveríamos nem chegar perto, simplesmente pela falta do conhecimento.

Como dizem as Escrituras: "Meu povo padece por falta de conhecimento". O apóstolo João acrescenta: "Conhecereis a verdade e a verdade vos libertará". A verdade está escancarada na nossa cara como o prato de comida na frente do filho que diz ter fome. E, muitas vezes, em vez de simplesmente comermos, reclamamos de fome, pedindo a Deus que ela passe, quando fazê-la passar é tarefa nossa: basta comermos.

Talvez você esteja pensando: "Mas eu tenho fome mesmo, não tenho alimento físico, me falta o que comer". E eu digo que, ainda que esteja faltando ou tenha faltado o alimento físico, isso pode ter acontecido simplesmente pela ausência de conhecimento.

> **"O meu povo foi destruído, porque lhe faltou o conhecimento."**
> **Oseias 4:6**

Eu creio que na Bíblia não existe palavra inútil, nem texto que não deva estar lá. Creio que toda a Escritura é inspirada por Deus e que Ele quer dizer exatamente o que está escrito lá. Quando o Senhor fala que o povo padece por falta de conhecimento, não é por falta de armas, não é por falta de solução, de bênção, de autoridade, de poder, mas por falta de conhecimento.

Meu desejo é que você nunca mais tenha que passar por nenhuma batalha em sua vida depois de ler e colocar em prática o conteúdo deste livro. Mas, se houver alguma batalha, que você entre nela de cabeça erguida, conhecendo todas as armas que tem a seu favor. Que você saiba quem você é, quem é seu inimigo, quais são os seus poderes e os poderes dele e que, com isso, toda e qualquer batalha seja vencida.

O Senhor vai lutar todas as batalhas que você não puder lutar. Na verdade, Ele já lutou e venceu. Ele não deixou nada para nós, venceu tudo na cruz do calvário e fez um espetáculo do inimigo zombando d'Ele. Ainda assim, Satanás, que é o pai da mentira, tenta nos enganar, fingindo que ainda não foi derrotado. É por isso que, ao ter o conhecimento de quem é seu inimigo, de quem você é e de quais são suas armas, as batalhas já estarão vencidas.

QUANDO SABEMOS LUTAR DA MANEIRA CORRETA, AS BATALHAS SÃO VENCIDAS COM MAIS TRANQUILIDADE.

Capítulo 2
O INIMIGO

Sun Tzu afirma no livro *A arte da guerra*: "Conhece a ti mesmo e a teu inimigo e você nunca perderá uma batalha". E eu pergunto: "Você conhece quem é o seu inimigo?". Talvez você esteja pensando: "Meu inimigo é Satanás, meu inimigo é a pessoa que está me fazendo mal, que está tentando destruir minha família, meus sonhos, meu ministério ou minha empresa".

Perdi muito tempo em batalhas, lutando contra a pessoa errada. No casamento, às vezes lutava contra minha esposa. Na empresa, com um concorrente, um inimigo, alguém que se levantava para tentar me destruir. E o que aprendi é que todo e qualquer esforço de batalha feito contra a pessoa errada não produz fruto.

É como se, para vencer o Japão, os Estados Unidos começassem a atacar o Canadá ou o Reino Unido, que sempre foram seus aliados. Assim, é muito importante você conhecer quem é o seu inimigo na batalha que está lutando, para que possa direcionar corretamente sua ogiva nuclear ao alvo certo. Isso porque você não vai querer destruir seu aliado ou agir com injustiça. Afinal, queremos ser como Deus, e Deus é justo.

Gosto de dizer que Deus é tão justo que é justo até com o diabo. Muitos casamentos têm acabado porque os envolvidos estão lutando um contra o outro e não sabem quem é o inimigo real da batalha. O diabo é astuto, inteligente, e não entra em todas as batalhas, não. Na maioria das vezes ele só tenta nos confundir para que ataquemos um inocente e para que a nossa batalha seja direcionada ao inimigo errado.

No casamento, por exemplo, o inimigo pode ser você mesmo, e você achando que é seu cônjuge. Talvez o inimigo sejam os seus sogros, a família da sua esposa ou do seu marido ou mesmo, em casos bastante raros, o inimigo pode estar, sim, agindo no seu próprio cônjuge. Por experiência, depois de muitos atendimentos e mapeamentos espirituais, pude perceber que na maioria das vezes o inimigo surge simplesmente pela falta de conhecimento de como funciona o mundo espiritual; consequentemente, os inimigos são os próprios envolvidos.

O diabo vem levando a glória por tanta coisa com a qual ele não tem nada a ver que chega a ser injusto. Mais uma vez repito: "Meu povo padece por falta de conhecimento". Reafirmo que nenhum versículo da Bíblia é inútil, e tudo produz efeito. A Palavra diz em Provérbios: "Maldição sem causa não se cumpre".

> "Como ao pássaro o vaguear, como à andorinha o voar, assim a maldição sem causa não virá."
> Provérbios 26:2

Se a maldição sem causa não se cumpre, então alguma legalidade há para que estejamos em determinada batalha. No casamento, por exemplo, é bastante comum o próprio cônjuge, não entendendo o poder de sua palavra, liberar uma fala negativa, destrutiva, que corrói a família.

Eu, Kaisser, quando ainda não tinha todo o conhecimento sobre como funcionava o mundo espiritual, vivia falando por qualquer motivo: "Vou me separar. Essa mulher não presta" ou algo semelhante. E adivinha o que eu recebia da vida: exatamente o que eu declarava com minha própria boca.

A boca fala do que está cheio o coração; o segredo de tudo está no coração. A boca é só uma manifestação do que realmente está lá dentro. Então, vigie e guarde seu coração, guarde aquilo em que você acredita, o que você sente, não acredite em coisas erradas, não acredite que o inimigo tem poder sobre sua vida, que uma única maldição lançada por um indivíduo tem o poder de prejudicá-lo, que você está condenado porque pecou e que, por isso, merece viver algo ruim.

Em Romanos 3:23, está escrito: "Porque todos pecaram e destituídos estão da glória de Deus".

Entenda que a palavra diz que TODOS pecaram e TODOS foram destituídos da glória de Deus. Mais uma vez, repito: não existe palavra inútil na Bíblia. Se está lá e até foi repetida, é uma prova de que, realmente, todos pecaram e todos foram destituídos da glória de Deus. Destituído é alguém que tem um poder, uma autoridade, e perde esse poder, essa autoridade. Em Romanos 3:23 fica claro que TODOS pecaram e todos foram destituídos de algo que até então carregavam: a glória de Deus.

Até que Jesus veio e nos resgatou por meio de Sua morte e de Sua ressurreição, conforme diz a Bíblia nos dois versículos seguintes:

"Sendo justificados gratuitamente pela sua graça, pela redenção que há em Cristo Jesus. Ao qual Deus propôs para propiciação pela fé no seu sangue, para demonstrar a sua justiça pela remissão dos pecados dantes cometidos, sob a paciência de Deus."
Romanos 3:24,25

"Sendo justificados gratuitamente" quer dizer sem que façamos nada por merecer, sem nenhuma troca, somos justificados, ou seja, liberados da condenação que antes havia contra nós, por meio da Graça, Graça esta que é o favor imerecido, como quando não merecemos algo e ainda assim recebemos.

Antes de culparmos o inimigo externo, é necessário fazermos uma análise bem-feita, para ver se o inimigo não somos nós mesmos.

Eu sei que você não esperava que o inimigo pudesse ser você. Então, para que você de fato compreenda o que estou falando, preciso primeiro que entenda um pouco sobre o poder da palavra.

ANTES DE CULPARMOS O INIMIGO EXTERNO, É NECESSÁRIO FAZERMOS UMA ANÁLISE PARA VER SE O INIMIGO NÃO SOMOS NÓS MESMOS.

# Capítulo 3
A PALAVRA

Quando falamos sobre o poder da palavra, muitos podem pensar no poder da Palavra de Deus. Mas você sabia que existe outro que quase sempre passa despercebido por todos nós, que é o poder da nossa própria palavra?

Você deve estar se perguntando: "Como assim o poder da minha palavra?".

Quando Deus criou as regras deste universo, ele declarou o seguinte:

> **"Os céus são os céus do Senhor; mas a Terra a deu aos filhos dos homens."**
> **Salmos 115:16**

A quem Ele deu a Terra? Isso mesmo, a você. E quem tem o poder aqui? Você. "Kaisser, você está falando que Deus não tem poder na Terra?" Não! Deus tem poder na Terra, e Ele concedeu esse poder a nós. Para mim, só existe uma coisa maior do que Deus: a Palavra de Deus. Ele não é o homem para que minta, nem filho do homem para que se arrependa. Portanto, falando Ele, não cumprirá?

Quando entendemos que os céus pertencem a Deus e que a Terra Ele deu ao Homem, entendemos que um espírito sem corpo na Terra é ilegal. Isso é tão real que Jesus Cristo, mesmo sendo Deus, teve que vir na forma humana, nascer de maneira humana, passar por tentações humanas, para que tivesse a legalidade aqui na Terra.

Cremos que Ele morreu e ressuscitou dentre os mortos ao terceiro dia e que subiu aos céus; e hoje está à destra do Pai. Ele subiu na forma humana, um corpo glorificado, porque foi dado a Ele todo o poder e um nome que está acima de todo nome. Conforme escrito em Filipenses 2:9: "Por isso, também Deus o exaltou soberanamente, e lhe deu um nome que é sobre todo o nome".

Por isso o nome da morte não está acima do nome de Jesus, o nome do câncer não está acima do nome de Jesus, o nome da doença, o nome da corrupção, o nome de qualquer um. Por isso conforme está escrito nenhum nome há acima do nome de Jesus, e a este nome foi dado todo o poder, toda a autoridade no céu e na terra.

E nós que cremos n'Ele, em Sua morte e ressurreição, tomamos parte em Sua morte quando começamos a crer n'Ele, tomamos parte em Sua ressurreição quando nos batizamos e nos tornamos novas criaturas, agora como Ele!

Ao Deus que se fez carne, ao verbo que se fez carne, foram dados todo o poder e toda a autoridade, e Ele deu esse poder e autoridade a nós, como veremos mais à frente.

Antes, vamos ver uma história importantíssima, que é conhecida por todos os cristãos: a história de Paulo. No entanto, naquela época, Paulo ainda não se chamava Paulo e sim Saulo de Tarso (veja Atos 9). Paulo escreveu mais da metade do Novo Testamento e teve um encontro com o Jesus Cristo Glorificado.

A Bíblia relata que, quando Saulo (Paulo) estava a caminho de Damasco, levando as cartas da igreja que autorizavam a perseguição e a destruição dos cristãos, teve um encontro com Cristo Glorificado no caminho. Nesse encontro, ele ficou cego.

De repente, uma luz do céu brilhou sobre Saulo e ele caiu ao chão. Daí, uma voz disse: "Saulo, Saulo! Por que me persegue?". Os homens que estavam com ele viram a luz e ouviram o som de uma voz, mas não entendiam o que estava sendo dito. "Quem é o senhor?", perguntou Saulo. "Sou Jesus, a quem você persegue", disse a voz.

Jesus disse isso porque, quando Saulo perseguia os seguidores de Jesus, era como se estivesse perseguindo a Ele. Saulo perguntou, então: "O que devo fazer, Senhor?". "Levante-se e vá a Damasco", disse Jesus. "Lá será informado sobre o que deve fazer."

Quando Saulo se levantou e abriu os olhos, não conseguiu enxergar. Estava cego! Os homens o conduziram pela mão até Damasco. Jesus falou, então, a um de seus discípulos em Damasco: "Levante-se, Ananias. Vá à rua chamada Direita. Na casa de Judas, pergunte por um homem chamado Saulo. Eu o escolhi como meu servo especial".

Ananias obedeceu e, encontrando Saulo, pôs as mãos sobre ele e disse: "O Senhor mandou-me para que você veja outra vez e fique cheio do Espírito Santo". Em pouco tempo, alguma coisa caiu dos olhos de Saulo, parecendo escamas, e ele conseguiu enxergar de novo.

Olha que curioso esse texto bíblico extraído de Atos 9. Por que Deus mandou Saulo se dirigir a um lugar e depois ordenou que Ananias fosse até lá e orasse por ele, a fim de que recuperasse sua visão? Por que Deus simplesmente não curou Saulo?

Aquele que viria a escrever praticamente setenta e cinco por cento do Novo Testamento começou como um religioso fervoroso que usava sua religiosidade para perseguir e matar os cristãos.

Esse mesmo Deus o escolheu e o transformou. Foi assim que Saulo se tornou Paulo, o apóstolo que fez uma grande diferença no Evangelho.

Eu, Kaisser, acredito que na Bíblia não exista uma única palavra inútil, colocada no lugar errado ou da maneira errada. Mesmo que de alguma forma você possa pensar "Mas alguém mudou, na tradução está diferente ou algo assim", ainda penso que isso é permissão de Deus e que a Palavra que temos hoje é aquela que Deus deseja que nós tenhamos. Ele é soberano e nada acontece sem a Sua permissão.

É muito importante você entender o poder da palavra, porque tudo o que existe, tudo o que foi feito e tudo o que se faz é por meio da palavra.

Deus, quando criou o mundo, criou-o por meio da palavra, e todas as coisas que Ele fez foram feitas por meio da palavra. A única hora em que Deus realmente fez algo com Suas próprias mãos foi quando Ele criou o homem.

Quando Deus queria fazer algo no Antigo Testamento, Ele chamava o seu escolhido, instruía-o e, por meio dele, fazia a obra. Ele dava ordem aos profetas para profetizar, para orar, para declarar.

Quando o povo saiu do Egito e se encontrou à beira do mar com o Faraó e seu exército, Moisés clamou a Deus e perguntou: "E agora, Senhor, o que faço?".

O povo estava reclamando muito com Moisés, porque tinha medo de morrer. Moisés, porém, disse ao povo: "Não temais; estais quietos, e vedes o livramento do Senhor que hoje vos fará;

porque aos egípcios, que hoje vistes, nunca mais os tornareis a ver. O Senhor pelejará por vós, e vós vos calareis".

> "Então disse o Senhor a Moisés: por que clamas a mim? Dize aos filhos de Israel que marchem. E tu, levanta a tua vara, e estende a tua mão sobre o mar, e fende-o, para que os filhos de Israel passem pelo meio do mar em seco."
> **Êxodo 14:13-16**

Que interessante a pergunta que Deus fez a Moisés, não é mesmo? "Por que clamas a mim?" Você já se perguntou por que Deus fez essa pergunta? Deus não estava sendo irônico. Ele estava mostrando mais uma vez, na sua Palavra, o poder que nos é dado por Ele. No caso de Moisés, esse poder foi dado pelo próprio Deus, quando teve um encontro com Ele.

E em nosso caso, hoje, esse poder foi herdado por meio do sacrifício de Jesus na cruz do calvário, o qual nos comprou por alto preço, o que nos tornou dignos de entrar na presença do Pai novamente e, sobretudo, o que nos deu o direito de sermos filhos de Deus.

> "Mas, a todos quantos o receberam, deu-lhes o poder de serem feitos filhos de Deus, aos que creem no seu nome."
> **João 1:12**

Você é filho, não se esqueça disso. Se você recebeu Jesus como seu único e suficiente Salvador, você é filho!

Não deixe o diabo enganá-lo e acusá-lo. Você nunca deixará de ser filho, porque, uma vez filho, sempre filho. Um filho que sai de casa e se rebela contra o pai, que faz o que é mau, que mancha até a própria reputação de seu pai, ainda assim não deixa de ser filho. Então, entenda: não importa onde você está, o que você fez ou quão injusto é para você ser filho depois de tudo o que fez, entenda de uma vez por todas: você é filho! E, uma vez filho, sempre filho!

Não confunda filho com servo. Jesus conta a história de um rapaz que vivia à mesa e à casa do pai, e, certa vez, pediu toda a sua herança. Talvez você já tenha escutado essa história: a parábola do filho pródigo. Esse rapaz, o filho pródigo, recebeu a sua herança, saiu de casa, gastou tudo com os prazeres da Terra e, como era esperado, perdeu tudo. Sabe por quê? Porque, longe do Pai, tudo acaba!

Quando o rapaz perdeu tudo, ficou tão no fundo do poço que desejou comer a comida dos porcos. E, no momento em que chegou a esse ponto, ele pensou: "Poxa, vou voltar para a casa do meu pai e vou servi-lo, porque os servos do meu pai têm fartura de alimento, têm comida em abundância".

Ele não voltou por amor a seu pai, não voltou porque sentiu saudade ou porque estava arrependido. Voltou porque teve fome, porque doeu, porque sofreu. E, na sua própria cabeça, ele não voltou mais como filho, já que tinha recebido a herança toda em vida; queria apenas ser servo.

Vendo o filho de longe, o pai já mandou os servos receberem-no e deu uma grande festa, porque o filho dele estava de volta. Observe o motivo da festa: o filho dele tinha voltado!

Mas ele não deveria ter perdido o direito de ser filho, já que tinha pegado tudo e ido embora? Entenda: uma vez filho, sempre filho! No dicionário não existe a palavra ex-filho. Nem após a morte o filho deixa de ser filho.

Agora, enquanto o filho tinha voltado com o pensamento de que era servo, havia o outro irmão, que estava com o pai e que nunca saíra de perto dele. Esse filho ficou chateado com a volta do irmão, teve ciúme e chegou a questionar o próprio pai: "Pai! Eu estou contigo todo o tempo, nunca falhei contigo, não saí, não recebi minha herança para destruí-la e você nunca me deu um cabrito para eu comer com meus amigos, e a esse meu irmão você dá um banquete e chama de filho?".

Seu pai respondeu com muita sabedoria: "Filho, você não está entendendo... Tudo o que eu tenho é seu!". Se você compreendeu essa história da maneira correta, já está dando glória aí, como vemos em algumas placas (igrejas).

Tudo o que eu tenho é seu! Tudo o que o pai tem pertence ao seu filho também por direito; e o filho pode usar, desfrutar. Ele não precisa que o pai morra, e também não precisa receber antecipadamente sua herança para desfrutar dos benefícios de filho. Ele já é filho desde o dia em que nasceu.

Não se engane, nem se deixe enganar: você é filho! E mais uma vez repito: não importa onde você esteja, não importa o que você fez. Você continua sendo filho!

NÃO CONFUNDA FILHO
COM SERVO.

Capítulo 4
AS ARMAS

Durante toda a minha vida, eu acreditei que as únicas maneiras de lutar uma batalha espiritual eram o jejum e a oração. Muitas vezes, nem mesmo isso eu fazia. Na maioria das ocasiões eu era aquele crente "6 HORA": "Cês ora por mim?". Sempre que entrava em uma batalha espiritual, pedia que alguém com intimidade maior do que eu com Deus (ao meu ver, na época) orasse por mim e lutasse a batalha por mim.

Hoje vejo quão covarde eu era quando agia dessa forma. Não estou dizendo que você não deva ter ajuda em suas orações, mas eu não pedia ajuda: eu simplesmente terceirizava minha oração, minha comunicação com Deus. Imagino como Ele devia ficar triste pensando: "Se ele tem acesso direto a mim, que foi conquistado pelo mais alto preço, com o sacrifício do meu Filho, por que ele pede que outro venha interceder em seu lugar? Por que ele mesmo não clama a mim?".

> "Porque eu bem sei os pensamentos que tenho a vosso respeito, diz o Senhor; pensamentos de paz, e não de mal, para vos dar o fim que esperais. Então me invocareis, e ireis, e orareis a mim, e eu vos

> ouvirei. E buscar-me-eis, e me achareis, quando me buscardes com todo o vosso coração."
> **Jeremias 29:11-13**

A oração tem um poder absurdo, poder este capaz até de mudar o coração ou a decisão de Deus em alguns raros casos. Antes preciso apenas que você entenda o que é oração e a diferença entre uma oração e uma reza. Oração é um diálogo, uma conversa de duas vias, em que você fala e é respondido. Você fala o que está no seu coração e não algo pré-formatado, um texto pronto que alguém mandou falar.

A reza não deixa de ser uma oração, mas ela não vem de você. Alguém a fez para você, por exemplo, Jesus Cristo, quando questionado sobre como devemos orar, nos instruiu ensinando a oração do Pai-Nosso, que serve de modelo para nós.

Se eu oro apenas o Pai-Nosso, repetindo-o todos os dias, eu o tenho sobre a minha vida. Mas é uma repetição, e o Senhor não escuta só o que sai de sua boca: Ele sonda o profundo do seu coração, e percebe quando seus lábios dizem uma coisa e seu coração está inclinado a outra. Ele sonda e conhece o seu coração.

Você não deve ter medo de orar, não deve ter medo de falar com Deus. Não existe formalidade, não é obrigatório estar de joelhos ou de olhos fechados. A maioria das minhas orações eu faço enquanto estou dirigindo sozinho em meu carro. Imagine se eu mantivesse os olhos fechados para falar com o Pai enquanto dirijo... Seria catastrófico, não é?

> "Está alguém entre vós aflito? Ore. Está alguém contente? Cante louvores."
> **Tiago 5:13**

> "E a oração da fé salvará o doente, e o Senhor o levantará; e, se houver cometido pecados, ser-lhes-ão perdoados."
> **Tiago 5:15**

A oração feita por um justo pode muito em seus efeitos.

Elias era um homem sujeito às mesmas paixões que nós e, orando, ele pediu que não chovesse, e, por três anos e seis meses, não choveu sobre a Terra. Orou outra vez e o céu deu chuva, e a terra produziu o seu fruto (Tiago 5:16-18).

Elias orou e não choveu, Josué orou e o sol parou. Não há questionamento sobre o poder da oração. A oração é, sem dúvida, uma das maiores armas de batalha.

Certa ocasião procuraram Jesus e disseram:

> "'Eu o trouxe aos teus discípulos, mas eles não puderam curá-lo'. Respondeu Jesus: 'Ó geração incrédula e perversa, até quando estarei com vocês? Até quando terei que suportá-los? Tragam-me o menino'.
>
> Jesus repreendeu o demônio; ele saiu do menino, e, desde aquele momento, ele ficou curado. Então, os discípulos aproximaram-se de Jesus em particular e perguntaram: 'Por que não conseguimos expulsá-lo?'. Ele respondeu: 'Porque a fé que vocês têm é pequena. Eu lhes asseguro que, se vocês tiverem a fé do tamanho de um grão de mostarda, poderão dizer a este monte: Vá daqui para lá, e ele irá. Nada lhes será impossível. Mas esse espírito só sai pela oração e pelo jejum.'"
> **Mateus 17:16-21**

Destaco duas partes do texto anterior para você: primeiro, Jesus deixa claro que a fé dos discípulos era pequena e que por isso eles não conseguiram curar o menino. Em seguida, Jesus explica sobre a fé, mostra como usá-la de maneira poderosa e extraordinária. Ele diz do que somos capazes se tivermos fé de verdade, ainda que seja pequena como um grão de mostarda.

O curioso do segundo destaque é que Jesus diz: "... poderão dizer a este monte: 'Vá daqui para lá', e ele irá. Nada lhes será impossível" (Mateus 17:20).

Aqui vemos mais uma vez o poder da palavra, quando Jesus diz "poderão dizer". Ele fala sobre a palavra, sobre a declaração, sobre o ato de falar, pronunciar, dizer. Quando tivermos fé e dissermos que não basta crer, não basta orar, tem algo mais a ser feito, isso é Declarar; Falar; Dizer; Usar o poder da Palavra. E, quando usamos o poder da Palavra, o próprio Cristo deixa claro: nada lhes será impossível! Isso não é incrível?

O poder da oração é incrível. O poder do jejum amplia nossa fé. Por sermos seres limitados e sem muita fé, com o jejum, nossa fé aumenta.

Eu tenho uma teoria sobre o motivo de Jesus ter dito que esse tipo de espírito só sairia com jejum e oração, lembrando que antes Ele deixa claro que estava triste com o fato de não terem fé. Em minha teoria, para nosso tempo sob a nova aliança, o jejum amplia nossa fé porque começamos a acreditar que agora Deus fará porque nós estamos nos flagelando, nos sacrificando, e por isso nossa fé se amplia. Mas, entendendo essa passagem de Mateus, o que Cristo diz logo em seguida é que, se tivermos fé, nada nos será impossível, ou seja, nem será necessário esse jejum.

Eu creio que o jejum hoje é mais para que o homem amplie sua fé e tenha sensibilidade espiritual ao mortificar sua carne do que para Deus ouvi-lo. Afinal, seu jejum não é mais importante do que o sacrifício que Jesus fez na cruz. Por isso creio que o jejum hoje, em nosso tempo, é para nós mesmos e não para Deus. Quero deixar claro que isso é sobre nós, que estamos debaixo da nova aliança, e não sobre o povo hebreu, que era instruído até mesmo por Deus acerca de jejum.

Creio que não exista nada que possamos fazer para comprar o favor de Deus que possa ser superior ao que Cristo já fez. E, quando Ele o fez, entregando Sua vida por nós, foi muito mais do que simplesmente nos dar o direito de chegar a Deus. Ele nos deu outros direitos também: nos tornou novas criaturas e nos ofereceu um novo pacto, uma nova aliança, não baseada nas obras das nossas mãos, mas na graça maravilhosa de Deus.

Quando digo não baseada nas obras das nossas mãos, quero deixar claro que não é baseada no que eu ou você possamos oferecer, na nossa capacidade de obedecer ou de ofertar, de doar ou de nos autoflagelar, mas sim na graça maravilhosa de Deus. Mesmo não merecendo, Ele nos comprou pelo mais alto preço, ao custo do sangue de Cristo, o Filho do Deus Vivo!

Quando comecei a escrever este livro, foi como se tudo à minha volta começasse a querer desmoronar. Imediatamente após escrever os primeiros capítulos, começou uma batalha espiritual na minha vida, e logo tive o discernimento claro de que era o inimigo tentando me intimidar, ou me parar.

Para ilustrar melhor essa situação, vou contar uma breve parábola que ouvi uma vez. Existia um homem que estava em cima de um muro. De um lado desse muro, o da luz, estavam os anjos, os seres celestiais, Jesus e o Espírito Santo. Do outro lado do muro, o das trevas, havia seres das trevas, principados e potestades, dominadores do mal.

O homem olhava para o lado da luz e parecia que todos que estavam lá tentavam convencê-lo a ficar com eles. Tentavam falar: "Venha para cá, nós vamos ajudá-lo, vamos tratar suas feridas, cuidar das suas dores, aliviar seu fardo".

Em dúvida quanto ao lado para o qual deveria se dirigir, o homem olhava para o lado das trevas e não via nenhuma reação. Ninguém se importava com ele, ninguém o convidava a ir para lá, como acontecia com as pessoas que estavam no lado da luz.

Intrigado, o homem resolveu perguntar a um ser no lado das trevas por que aqueles que estavam no lado da luz faziam tudo para que ele descesse até lá, e no lado das trevas ninguém se importava. O principado das trevas respondeu: "É bem simples: o muro está construído do nosso lado!".

Essa história é uma metáfora, mas explica, de maneira simples, que quem construiu um muro entre você e Deus não foi Ele, e sim o pecado e os dominadores do mal. Esse muro não está na presença de Deus, não está do lado de Deus; ele se encontra no reino das trevas.

Enquanto você estiver em cima do muro, está tudo bem. O diabo não vai incomodá-lo, não vai mexer com você, não vai tentar destruí-lo ou caluniá-lo, pois você está do lado dele. Você não representa uma ameaça para ele, porque ele já o ganhou.

Mas a partir do momento em que você escolher o reino da luz, destruindo o muro de mentira e de pecado que o diabo fez que você acreditasse existir entre você e Deus, usando para isso o sacrifício de Jesus Cristo, aí sim ele começará a tentá-lo, a apresentar oportunidades para que você volte a pecar e tenha medo de Deus novamente. É assim que o diabo faz para construir outro muro imaginário entre você e Deus.

O que vou dizer é bem forte, mas é real: creia você ou não, o diabo não se importa de você dizer que é cristão, que vai à igreja, que ouve apenas canções de louvores. Ele sabe o que você deveria saber: a intimidade com Deus só vem por meio de um relacionamento com Ele, e isso só acontece por meio da oração.

Quando você começa a desenvolver uma vida poderosa de oração, pode enfrentar algumas resistências no início. É como se sua vida estivesse piorando agora que você está orando, quando na verdade espera que ela melhore.

Lembre-se de que isso não passa de um truque de ilusionismo de Satanás para tentar fazê-lo parar de orar.

Enquanto se declara cristão, ouve louvor e vai ao culto, mas não tem uma vida de oração, você é como o cara que ainda está em cima do muro ou como um homem que está encantado por uma mulher, mas não teve coragem de abordá-la para conversar e tentar conhecê-la melhor.

Nas minhas redes sociais, uma das coisas que as pessoas mais me perguntam é: "Kaisser, como posso ter intimidade com Deus como você tem?". Eu deixo claro que minha intimidade com Deus não é a melhor do mundo, mas cresce a cada dia.

Quando ouço essa pergunta, minha resposta é simples: como você desenvolveu intimidade com o seu melhor amigo? A primeira vez que você falou com ele já tinha intimidade para dormir na casa dele, para abrir a geladeira, para pedir um favor, para contar para ele seus segredos e ele contar os segredos dele para você? É claro que não. Você foi tímido e ele também, e aos poucos foram aumentando a intimidade, até que os dois se tornaram tão íntimos a ponto de você não precisar mais pedir para pegar água na geladeira da casa dele. Você mesmo vai lá e pega.

Essa intimidade foi criada da única maneira possível, ou seja: por meio de um relacionamento, convivência e conversas. Agora, digamos que você tem esse seu melhor amigo, que vocês se falam todos os dias e o relacionamento de vocês é íntimo a ponto de bastar uma troca de olhares para você saber se ele está bem ou se está mal, mas, por força do destino, ele se muda para outro país. Vocês ficam anos sem se falar, e depois de muito tempo se encontram novamente. Ele está casado, tem filhos, você também. A intimidade de vocês é a mesma de antes de se separarem? De antes de pararem de se comunicar? É óbvio que não.

- Intimidade é construída com relacionamento.
- Intimidade é ampliada com relacionamento.
- Intimidade é mantida com relacionamento.

E não importa quão íntimo você seja, se parar de se relacionar, é questão de tempo até que você perca a intimidade com esse amigo.

A única diferença entre Deus e esse seu amigo do exemplo é que, no caso citado, ambos perdem a intimidade um com o outro, mas quando falamos de Deus é diferente. Deus não muda. Ele continua do mesmo jeito contigo. Porém, se você se afastar demais d'Ele, se ficar muito tempo sem falar com Ele, você não terá mais a mesma intimidade de quando falava todos os dias e sobre tudo. Você limitará os assuntos sobre os quais falará e terá medo de falar com Ele. Será como se estivesse conhecendo-O de novo.

A única maneira de desenvolver uma intimidade forte é por meio de uma vida de oração, pois ela é a chave para a intimidade com Deus, para entender que os propósitos e os planos d'Ele em sua vida são muito maiores e melhores do que os seus.

"Aproximem-se de Deus, e ele se aproximará de vocês!"
Tiago 4:8

Nos primeiros anos de casamento, minha esposa e eu brigávamos muito por "bobeiras". Eu sempre trabalhei bastante, às vezes vinte horas por dia, no intuito de proporcionar o melhor que a minha família pudesse ter. Quando eu presenteava minha esposa com as bolsas das grifes mais famosas do mundo, os melhores carros importados e perfumes, roupas etc., era a melhor maneira que tinha de dizer para ela o quanto eu a amava.

Com a sabedoria dos pastores que nos discipularam, Pastor Bruno e Dra. Lucymaria, que são verdadeiros pais para nós, fomos aprender sobre as linguagens de amor. Recomendaram que lêssemos um livro chamado *As cinco linguagens do amor*, de Gary Chapman. Prontamente minha esposa seguiu a recomendação, e depois me passou a missão de ler também. Após a leitura do livro, entendi que cada ser humano se sente amado de uma maneira não necessariamente igual aos outros. Descobri, por exemplo, que minha linguagem de amor, a que mais mexe comigo e que mostra que a pessoa me ama, são as palavras de afirmação; as da minha esposa são as de tempo de qualidade.

Temos duas linguagens de amor: aquela que mais gostamos de receber e a que mais gostamos de dar. Para mim, eu demonstro amor a alguém quando dou um presente, por isso já dei aos meus colaboradores casas, carros, dinheiro, sociedades e oportunidades únicas. Isso mostraria a eles (na minha cabeça) que eu os amava e queria o melhor para eles.

Da mesma forma que fazia com os meus colaboradores eu também fazia com minha esposa. Só que a linguagem de amor dela é tempo de qualidade, e eu estava tentando agradar e demonstrar meu amor a ela por meio dos presentes que eu dava, pela vida que eu conseguia fazê-la ter.

Lembro-me de me queixar com os nossos pastores diversas vezes: "A Ray não me valoriza, só reclama. Eu dou a ela tudo com que toda mulher pode sonhar. Ela tem três pessoas que trabalham em casa para que não tenha que se esforçar, as crianças têm professores particulares, temos motorista e até uma secretária exclusiva para ela".

A resposta deles foi muito importante para mim: "Mas você já perguntou para a Ray se isso é importante para ela?". E eu pensava: "Como pode não ser importante para ela, se todos sonham com isso?".

Em resumo, eu estava falando que amava minha esposa com toda a minha força, porém no idioma errado. Tudo o que ela queria era tempo de qualidade.

Tempo de qualidade não exige gastar nenhum centavo, tempo de qualidade não exige terceiros. Exige apenas você dar atenção e passar tempo com a pessoa. Seja assistindo a um filme, a uma série, seja ficando abraçados, conversando, prestando atenção na conversa.

Isso porque, nos dias de hoje, é comum conversarmos com pessoas e não termos a atenção dela. Conversar com alguém enquanto mexe no celular não é conversar. Você conversa na verdade com outra pessoa e não com a que está na sua frente.

Quando aprendemos as linguagens de amor um do outro, nosso relacionamento mudou da água para vinho. A Ray passou a ser a primeira a me elogiar em tudo o que eu fazia, resolvendo, então, algo de que eu sempre reclamava. Eu dizia: "Poxa, todos de fora da minha casa me aplaudem e me amam, e na minha casa não sou reconhecido". Isso gerou brechas que quase me fizeram cair em adultério. Por isso é importante entendermos a linguagem de amor de nosso cônjuge.

Talvez você esteja se perguntando: "Mas o que isso tem a ver com oração, Kaisser?". Como eu disse, oração é relacionamento, e eu andei mapeando as linguagens de amor do Senhor. A linguagem da qual Ele mais se agrada é tempo de qualidade.

Dedique mais tempo a Ele, passe tempo com Ele, se preocupe com o que importa para o reino d'Ele, para o crescimento e a expansão do reino d'Ele.

Não demonstre seu amor por Deus da maneira errada. Talvez você esteja fazendo igual eu fazia com a Ray, dando a ela os melhores presentes que o dinheiro podia comprar, quando o que ela queria era tempo de qualidade e atenção.

A esposa do meu pastor, inclusive, me confrontou com a seguinte indagação: "De tudo que você pode dar para sua esposa hoje, o que é mais fácil?". Eu respondi, bem murcho: "Dinheiro". Eu tentava comprar a felicidade e a alegria da minha esposa com a moeda errada, quando na verdade a necessária era muito mais simples e barata, e surtiria um efeito bem melhor.

Aprendi recentemente uma história que ilustra muito facilmente a importância do entendimento da diferença entre o dinheiro e o tempo e quero compartilhá-la com você.

Imagine que você tenha dois melhores amigos e que você esteja prestes a se mudar. Você pergunta a ambos se eles podem ajudá-lo no sábado.

Ambos concordam em ajudar. O amigo 1 paga o caminhão de mudança e dois ajudantes para carregar sua mudança, enquanto o amigo 2 vai lá pessoalmente no sábado e fica o dia inteiro ajudando você e auxiliando-o, acompanhando tudo até o final.

Um tempo se passa e os seus dois melhores amigos pedem um favor ao mesmo tempo, mas você só consegue atender um deles. Qual deles será sua prioridade? O que pagou pelo caminhão e mandou dois funcionários ajudarem a carregar ou o que tirou o dia inteiro e ficou contigo ajudando pessoalmente? Sem dúvidas, se seus valores pessoais estiverem corretos, você escolherá ajudar o amigo que dedicou tempo pessoal, de qualidade, com você, e não o que dedicou dinheiro.

Isso porque, ao contrário do que muitos pensam, dinheiro é um recurso infinito — em breve, em outro livro, falarei sobre o dinheiro infinito —, enquanto o tempo, ao contrário, é extremamente justo.

Não importa o seu saldo bancário, a cor da sua pele, o país em que você vive, se você ama ou não a Deus. Todos os dias você recebe vinte e quatro moedas na sua conta bancária do Banco Tempo para serem gastas naquele dia. Esse saldo pode ser gasto de qualquer forma; você decide o que fazer com essas moedas e ninguém na Terra ou no céu vai forçá-lo a fazer algo com elas. A escolha é toda sua.

E por que essa é a moeda mais cara do mundo? Porque ela é um recurso finito, limitado, o oposto do dinheiro. E ela também é justa, pois todos recebem as mesmas vinte e quatro horas.

É como a parábola dos talentos que Jesus contou, em que um senhor deu uma moeda para cada servo e, depois de um tempo, voltou para conferir. Um deles havia multiplicado o que recebera e o outro também. Já o terceiro tinha enterrado o presente e devolveu a mesma moeda. Para esse último foi dado o castigo, porque ele não fez nada com a moeda que recebera. Tendo medo, enterrou-a e desperdiçou todas as oportunidades que viriam com ela.

Em nossa vida aqui na Terra, todo dia, recebemos 1.440 minutos, e essa conta não tem cheque especial. Você não pode usar 1.800 minutos e também não pode deixar nenhum saldo acumular para o dia seguinte. Se chegar o final do dia e você não tiver feito nada com seus 1.440 minutos, ou se tiver usado só 40 deles, os outros 1.400 serão removidos da sua conta e você os perderá por completo.

Por que explico isso? Para mostrar a você a importância do tempo. Não só para nós e para nossa vida pessoal e profissional, mas também para Deus.

Lembra dos melhores amigos? Eu pergunto: como o seu melhor amigo se tornou seu melhor amigo? Você, provavelmente, não saberá a resposta, porque vocês passaram bastante tempo juntos. Só que, em determinado dia, você viu que aquele era seu melhor amigo.

Foi assim com sua esposa, seu marido, sua namorada, seus amigos, e até mesmo com a empresa em que você trabalha, se você o faz por amor e não só por um salário.

Intimidade é fruto de relacionamento.

Relacionamento é fruto de tempo de qualidade.

Durante muito tempo eu tentei comprar o favor de Deus, tentei ser digno d'Ele, receber as bênçãos d'Ele e comprar o favor de Deus. Sempre me vi como alguém indigno de ser amado por Ele e tentei comprar Seu amor com presentes, com doações, com sacrifícios pessoais, com jejum de alimento e com várias coisas, sem entender que investir tempo de qualidade com Deus seria muito mais importante e eficaz para mim.

Desde o dia em que aprendi tudo isso, mudei com minha esposa e com Deus. Não é que deixei de dar presentes a ela, mas agora essa não é mais a maneira de demonstrar que a amo. Demonstro isso dedicando um tempo a ela, desligando o celular, desconectando do trabalho e focando somente nela.

Da mesma forma, para desenvolver um bom relacionamento com Deus, é necessário tempo de qualidade e um tempo a sós com Ele. Conte para Ele os seus problemas, suas lutas, escute-O. Busque saber o que Ele tem planejado para você, o que Ele espera da sua vida e como você pode cumprir o propósito pelo qual Ele o enviou a Terra.

Estou certo de que, quando você começar a dedicar tempo de qualidade em oração, para adorar, conversar e, principalmente, ouvir, viverá uma vida diferente, que se assemelhará cada vez mais com a vida de Cristo. E, para mim, o significado de ser cristão é isto: ser parecido com Cristo.

Você se parece com Cristo?

Recentemente, nas *lives* que faço às 6h01 da manhã em minhas redes sociais, fiz um desafio ao público: pedi que todos orassem trinta minutos por dia. No primeiro dia, todos aceitaram o desafio. No dia seguinte, já me contaram quão difícil é orar por trinta minutos, que dirá uma ou duas horas.

Aprendi uma técnica que me ajudou muito e passei-a para todos, e talvez seja a forma mais simples de orar.

Eu faço um checklist assim:

[ ] Kaisser
[ ] Ray
[ ] Bryan
[ ] Sophia
[ ] Maria
[ ] Pai
[ ] Mãe
[ ] Empresa
[ ] Colaboradores
[ ] Clientes
[ ] Amigos

Basicamente, escrevo uma lista com uma caixa na frente, sempre começando por mim, passando por minha esposa, meus filhos, depois meus pais e, por fim, outros temas, sejam eles quantos forem. Primeiro passo uns cinco a dez minutos mapeando os tópicos pelos quais pretendo falar com Deus. Quando começo a orar por determinado tema, eu faço um x naquele nome. Por exemplo:

[X] Kaisser
[ ] Ray
[ ] Bryan
[ ] Sophia
[ ] Maria
[ ] Pai
[ ] Mãe
[ ] Empresa
[ ] Colaboradores
[ ] Clientes
[ ] Amigos

E assim continuo e vou dedicando o tempo que for necessário para orar e falar com Deus tudo sobre o tema específico. No exemplo que dei, começo falando de mim mesmo.

Por que começo orando por mim e não pelos demais à minha volta? Porque entendo que funcionamos como um coração, que recebe o melhor sangue, com o melhor oxigênio, e depois manda um sangue com "menos oxigênio" para os demais órgãos. Sem o coração, esses órgãos não receberiam nem o sangue nem o oxigênio, e sucumbiriam.

Como diz o *safety brief* de um voo de avião: "Coloque a máscara de oxigênio primeiro em você, antes de ajudar qualquer pessoa".

Assim, sigo orando por cada pessoa ou tema, até que não tenha mais nada a orar em relação àquele tema ou pessoa. Então, eu marco com um "x" aquela caixa, confirmando que falei tudo o que tinha para falar sobre aquele tópico, e sigo usando essa técnica até o último da lista.

[X] Kaisser
[X] Ray
[X] Bryan
[   ] Sophia
[   ] Maria
[   ] Pai
[   ] Mãe
[   ] Empresa
[   ] Colaboradores
[   ] Clientes
[   ] Amigos

Desafio você a experimentar essa técnica aí na sua casa hoje e no decorrer dos próximos dias. Quando se der conta, você estará orando facilmente por uma, duas horas sem nem perceber, e não será um fardo, será maravilhoso. Você verá quão maravilhoso é passar um tempo de qualidade com Deus, e isso, certamente, trará muita intimidade.

Falando em intimidade, muitas pessoas sempre me perguntam, quase diariamente, como ter mais intimidade com Deus, ou melhor, como alcançar uma intimidade igual à que eu tenho com Deus. Essa segunda pergunta então me deixa triste, porque eu sinto que minha intimidade com Deus poderia ser cem vezes maior do que é.

Sempre penso que posso ir mais fundo, que posso mergulhar mais, que posso sentir mais, me dedicar mais, fazer mais. Contudo, a resposta é sempre a mesma, pois respondo com uma pergunta: "O que você fez para ter intimidade com a pessoa da qual é mais próximo?".

Vou repetir: intimidade vem de relacionamento, e relacionamento se cria com tempo de qualidade. Certamente, a primeira vez que você foi na casa do seu melhor amigo você pediu para ele pegar água para você na geladeira, e talvez tenha permanecido assim por um tempo, até que, hoje, você mesmo abre a geladeira e pega água.

Isso é intimidade, e ela vem de relacionamento; relacionamento se constrói prestando atenção no que importa para a pessoa e se importando com o que é importante para ela.

DEUS NÃO MUDA. ELE CONTINUA DO MESMO JEITO CONTIGO.

Capítulo 5
A IDENTIDADE

Uma das coisas mais importantes para qualquer pessoa hoje em dia é a identidade. Neste momento nem estou falando de algo espiritual, mas sim de um documento de identificação, de algo que prove que aquela pessoa que está à sua frente é quem ela realmente diz ser.

Aqui no Brasil, sua identificação pode ser a habilitação, o documento de identidade, a carteira de trabalho ou o passaporte. Esses são apenas alguns tipos de documentos com foto que revelam quem você é para quem não o conhece.

Este é o propósito da identidade: apresentá-lo com segurança para estranhos. Uma das coisas mais terríveis que pode acontecer é você perder a identidade, pois, sem ela, você perde acesso a muitos lugares.

Pouco tempo atrás, já com meu novo avião, embarcamos numa manhã bem bonita para Belo Horizonte, eu, minha esposa e minhas duas filhas. O meu mais velho, Bryan, estava com a mãe dele de férias. Nosso destino final era a Disney, mas não é muito viável percorrer distâncias tão longas com um jatinho pequeno como o nosso. Em voos internacionais, geralmente voamos por uma companhia aérea.

Tudo estava perfeito, a minha esposa Ray havia conferido os documentos, os passaportes e tudo mais. Decolamos de Governador Valadares para a capital mineira em nosso avião.

Para entrar no meu próprio avião não foi necessário conferir nenhum documento. Normalmente já estacionamos ao lado da aeronave e saímos do carro direto para ele. Em aproximadamente trinta minutos de voo (o que seriam cinco horas de carro) nós estávamos pousando no aeroporto de Confins.

Em pouco tempo um ônibus do aeroporto veio nos buscar na aeronave e nos levou até o portão de desembarque executivo. As crianças estavam superanimadas com a ideia de voltar à Disney.

Pegamos a fila da companhia aérea que nos levaria até os Estados Unidos e, assim que fomos atendidos, a pergunta que me congelou veio do funcionário da companhia: "Onde está o visto da Maria Alice?". Olhei para a minha esposa tipo: "Cadê o outro passaporte dela?". Eu e a Maria temos dois passaportes, e nesse caso estávamos com um passaporte dela na mão mas o outro, onde constava o visto, não estava ali. Minha esposa havia esquecido em casa justamente o passaporte com o visto.

O visto, nesse caso, é a maneira de o governo norte-americano e a companhia aérea saberem que nós temos autorização para entrar no país. Naquele momento, meu avião já estava retornando para nossa cidade.

Tentei contato com o comandante, sem sucesso. Deixei mensagem para que ele retornasse com o outro passaporte da Maria Alice assim que pousasse em Governador Valadares. Liguei para meu pai e pedi que ele pegasse o passaporte em casa e levasse correndo até o nosso hangar para que o piloto pudesse trazê-lo para onde estávamos. Dava tempo tranquilo; nosso voo seria às dez horas e ainda eram oito horas.

Como a nossa aeronave é muito rápida, daria tranquilamente para manter os planos e não perder o voo. O comandante pousou em Governador Valadares e trinta e cinco minutos depois, quando viu minha mensagem, fez logo um plano de voo e se preparou para decolar novamente, para levar o passaporte da Maria Alice para que pudéssemos seguir viagem.

Veja bem, quando você passa um plano de voo, ele precisa de certo tempo para ser aprovado. Sem a aprovação, você não pode entrar na "presença da torre" (explicarei mais sobre a torre em outro livro meu chamado *A torre*).

O comandante decidiu decolar antes mesmo de a torre aprovar o plano de voo, porque sabia que seria aprovado. Ele já fizera aquele voo inúmeras vezes e havia acabado de realizar o mesmo plano alguns minutos antes.

Ele decolou. Porém, na hora em que estava prestes a entrar na "presença da torre" (vamos dizer assim), foi avisado de que o plano dele não estava aprovado e que não poderia seguir viagem sem a consequência de severas multas.

Ele então retornou para Governador Valadares e esperou até que seu plano fosse aprovado. Me mandou mensagem explicando que havia tentado decolar e seguir viagem antes mesmo de a torre aprovar e que até poderia seguir, mas a multa seria muito grande, por isso havia achado melhor retornar.

Falei com a Ray para ela ir com a Sophia para os Estados Unidos e eu iria no voo da manhã seguinte com a Maria Alice. Isso porque não tinha como remarcar para todos, pois só havia dois lugares no outro dia. E assim procedemos. Essa breve história ilustra algumas coisas:

1. Em alguns lugares, você nem vai precisar de identidade.
2. Em certos lugares, qualquer identidade basta.
3. Em determinados lugares, só se entra com uma identidade específica.

O que eu quero que você saiba é que você tem uma identidade muito superior à de todos os documentos que possui aqui na Terra. Essa identidade foi dada ao homem por Deus, quando Ele o fez. E o homem perdeu essa identidade. Sem ela, o homem não podia mais fazer o que antes podia.

Que identidade é essa que o homem perdeu? A identidade de Filho de Deus. Essa era a identidade de Adão. Ele era o único que a possuía genuinamente, até que foi expulso do Éden junto com sua mulher.

Bastante tempo se passou, e Deus usou seus profetas, juízes e reis para nos ensinar muitas coisas e para nos preparar o caminho a ser seguido para que pudéssemos um dia ter essa identidade restaurada.

Essa identidade foi restaurada na cruz, e é muito importante que você aprenda sobre o trabalho consumado na cruz para que saiba qual é a sua identidade e quem você é hoje! Como diz o meu querido amigo Reinhard Hirtler: "A cruz pagou por tudo".

No exemplo que citei sobre a viagem aos Estados Unidos, foi como se o visto norte-americano, o passaporte, aquilo que nos dava direito de fazer a viagem, fosse a representação da Cruz na vida do cristão, ou seja: sem Cristo não tem como você embarcar nesta viagem. Sem a sua identidade de FILHO de Deus, não é possível.

Da mesma forma, com sua identidade em Cristo originalmente restaurada, você retornará ao seu papel como Filho de

Deus e começará a entender quais são os poderes que essa identidade trará. Isso porque está escrito:

> "Contudo, aos que receberam, aos que creram em seu nome, deu-lhes o direito de se tornarem filhos de Deus."
> João 1:12

Uau! Isso não é magnífico? Se você crer que Jesus Cristo é o Senhor, que é Filho de Deus, que ressuscitou dos mortos, e O receber, ganhará automaticamente uma nova identidade, a identidade de Filho de Deus.

E quais acessos essa identidade de Filho de Deus pode conceder a você? O Poder de Curar Enfermos; o Poder de Expulsar Demônios; o Poder de Pisar em Serpentes — e muitos outros.

Você deixará de ser um escravo do pecado e passará a ter domínio sobre a natureza pecaminosa. E o mais importante: como Filho e Herdeiro de Deus, você terá o poder de decretar.

Reis, presidentes, governadores, prefeitos e todos os outros que exercem a governança o fazem por meio de decretos.

Um decreto é diferente de uma conversa. Assim como ficou claro que a oração é uma comunicação de mão dupla, ou seja, é um diálogo, um relacionamento entre você e Deus, é muito importante ficar claro o que é um decreto.

DA MESMA FORMA,
COM SUA IDENTIDADE EM CRISTO
ORIGINALMENTE RESTAURADA,
VOCÊ RETORNARÁ AO SEU PAPEL
COMO FILHO DE DEUS.

Capítulo 6
ENTENDENDO OS DECRETOS

Escrevo este livro em meio à maior pandemia que nossa história recente já vivenciou, a de Covid-19. Em meio a tantas mortes, tantos acontecimentos que têm marcado e mudado nossa vida de maneira nunca antes vista, talvez algo que tenha ficado mais claro para toda a população mundial é a palavra decreto.

Você pode até não entender o que é, mas já deve ter ouvido falar: o governador do estado decretou o fechamento do comércio por x dias para conter a Covid. Prefeitos decretaram que as pessoas deveriam ficar em casa. Alguns decretaram toque de recolher, que ninguém poderia ficar na rua após certo horário.

Mas que poder é esse que um governante tem de fechar o comércio? De proibir você, um ser livre, de sair à rua, de proibir o acesso a certos lugares, de proibir viagens a determinados países, ou visitantes de alguns países. É simples: é o poder do decreto. E o mais interessante sobre isso é que não se trata de algo novo, que foi criado agora; ele existe desde que o mundo é mundo.

Enquanto escrevo, por exemplo, mesmo tendo o visto norte-americano e o direito de entrar nos Estados Unidos, há um decreto que atualmente está em vigor que impede a entrada de brasileiros naquele país. E esse mesmo decreto foi expedido em vários países para tentar conter a pandemia.

> **"Um universo sem decretos seria tão irracional e espantoso quanto um trem na escuridão sem luz e sem condutor, e sem certeza de que no momento seguinte ele não cairia no abismo."**
> **A. J. Gordon**

Na Bíblia, na história de Ester, vemos um plano maligno para destruir todo o povo judeu ser posto em prática por meio de um decreto. Uma vez estabelecido esse decreto, ele não pôde mais ser cancelado ou revogado. O próprio rei disse à rainha Ester: "Um decreto assinado com o anel do rei não pode ser revogado".

A solução que o próprio rei deu à rainha foi a de fazer um novo decreto do jeito que ela quisesse, e assim ela o fez. Talvez você nunca tenha parado para pensar que quem tem governo decreta; e que um decreto é diferente de uma proposta.

Um governante pode mandar um projeto de lei aos legisladores e fazer aquela lei ser aprovada pela maioria e, assim, implementada após a sanção do próprio poder executivo. Mas esse mesmo governante, quando escreve um decreto, não pede permissão a nenhum outro órgão.

Ele não precisa da aprovação dos legisladores, ele não espera a opinião da maioria. Ele não pede, simplesmente decreta. Em outras palavras, ele ordena.

Veja o exemplo de um decreto presidencial:

DIÁRIO OFICIAL DA UNIÃO
Publicado em: 28/06/1995| Edição: 122 | Seção: 1 | Página:9473
Órgão: Atos do Poder Executivo

DECRETO Nº 1.538, DE 27 DE JUNHO DE 1995.

Cria o Grupo Executivo de Repressão ao Trabalho Forçado e dá outras providências.

O PRESIDENTE DA REPÚBLICA, no uso da atribuição que lhe confere o art. 84, inciso VI, da Constituição,

DECRETA:

Art. 1º É criado Grupo Executivo de Repressão ao Trabalho Forçado - GERTRAF, com a finalidade de coordenar e implementar as providências necessárias à repressão ao trabalho forçado.

Art. 2º Compete ao GERTRAF:

I - elaborar, implementar e supervisionar programa integrado de repressão ao trabalho forçado;

II - coordenar a ação dos órgãos competentes para a repressão ao trabalho forçado, indicando as medidas cabíveis;

III - articular-se com a Organização Internacional do Trabalho - OIT e com os Ministérios Públicos da União e dos Estados, com vistas ao exato cumprimento da legislação pertinente;

IV - propor os atos normativos que se fizerem necessários à implantação do Programa previsto no inciso I.

Brasília, 27 de junho de 1995; 174º da Independência e 107º da República.
FERNANDO HENRIQUE CARDOSO

Paulo Paiva

Ao analisar um decreto presidencial, você tem o título, e o texto continua com: "O Presidente da República...". Ou seja, em um decreto, o primeiro ato é a apresentação de quem está decretando e ordenando algo, logo, é preciso constar a identidade. Em seguida, ele mostra o que lhe confere autoridade para decretar.

CONSTITUIÇÃO FEDERAL DE 1988

Nós, representantes do povo brasileiro, reunidos em Assembléia Nacional Constituinte para instituir um Estado Democrático, destinado a assegurar o exercício dos direitos sociais e individuais, a liberdade, a segurança, o bem-estar, o desenvolvimento, a igualdade e a justiça como valores supremos de uma sociedade fraterna, pluralista e sem preconceitos, fundada na harmonia social e comprometida, na ordem interna e internacional, com a solução pacífica das controvérsias, promulgamos, sob a proteção de Deus, a seguinte CONSTITUIÇÃO DA REPÚBLICA FEDERATIVA DO BRASIL.
Art. 84. Compete privativamente ao Presidente da República:

    I   nomear e exonerar os Ministros de Estado;
    II   exercer, com o auxílio dos Ministros de Estado, a direção superior da administração federal;
    III   iniciar o processo legislativo, na forma e nos casos previstos nesta Constituição;
    IV   sancionar, promulgar e fazer publicar as leis, bem como expedir decretos e regulamentos para sua fiel execução;
    V   vetar projetos de lei, total ou parcialmente;

Como observamos, o presidente tem diversos direitos e deveres, e entre eles está a competência para expedir decretos. Esse ato está ligado à autoridade que o presidente pode exercer.

Voltando ao decreto que estamos analisando, após se apresentar e mostrar a autoridade que lhe dá competência para decretar, o presidente então decreta, ou seja, dá ordens.

Ao final, há um detalhe que poderia passar despercebido, mas que é tão importante quanto tudo o que está escrito no decreto: é a data em que o que foi decretado deve começar a valer.

E o que está escrito no decreto que estamos analisando?

Que ele passa a valer na data em que foi publicado, ou seja, imediatamente.

Você pode estar se perguntando: "Mas, Kaisser, o que o decreto de um presidente me ensina sobre os decretos espirituais?". A resposta é muito simples: assim como no mundo natural, o mundo espiritual é regido por leis. Para poder decretar é preciso autoridade. E qual é a autoridade que você detém para exercer a função de decretar? A autoridade de ser Filho de Deus.

O presidente conhece bem os seus direitos e deveres, e por isso emite seus decretos presidenciais. Infelizmente, muitos cristãos vivem no mundo inteiro sem o conhecimento do poder que têm, da autoridade que foi comprada na cruz do calvário, do que realmente significa ser Filho de Deus!

E aqui chegamos a um ponto em que muitos se perdem, que é quando lembramos que, mesmo sendo Filhos de Deus, somos pecadores. Sim, somos!

O pecado não foi esquecido. O que é preciso entender é que, mesmo pecador, quando você aceita entregar sua vida a Deus, sua conexão com Ele é religada e você volta a ter sua autoridade como Filho de Deus para exercer seu governo na Terra. Isso é bíblico e está em Romanos:

> "Portanto, agora nenhuma condenação há para os que estão em Cristo Jesus, que não andam segundo a carne, mas segundo o espírito."
> Romanos 8:1

O que está escrito em Romanos é simples. A partir do momento em que você aceita Jesus Cristo como seu Salvador, em que cria um relacionamento de intimidade com Deus, em que passa a deixar que o Espírito Santo o utilize como instrumento de salvação, você é liberto de toda a carga de pecado que possa existir sobre seus ombros e passa a ter legalidade para exercer sua autoridade e emitir decretos no mundo espiritual.

Assim como o mundo natural, o mundo espiritual é regido por leis. Como cristãos, temos que nos apoiar na "constituição" do mundo espiritual. E onde está essa constituição? Talvez esteja aí do seu lado agora, ou na estante da sua casa, no seu celular ou em uma gaveta. Certamente você tem, já teve ou possui acesso a uma.

A constituição do povo de Deus é a Bíblia. E se você seguir a Palavra de Deus, terá todos os artifícios para ganhar qualquer batalha espiritual que venha a enfrentar, por meio dos decretos.

Agora que você entende o que é um decreto, como funciona e conhece seu papel e autoridade para expedi-lo, vamos para um ponto muito importante. Por mais que você já tenha passado por todas as etapas — você compreende seu lugar no mundo, reconhece sua identidade como Filho de Deus, entende sobre as batalhas, sabe reconhecer seu inimigo, conhece as armas e já está pronto para fazer seus decretos —, ainda precisa entender até onde vai a sua autoridade.

"Kaisser, se eu tenho autoridade, essa autoridade é sobre tudo, não?" Não! Você não tem autoridade sobre tudo. E sabe por quê? Porque, assim como você, o mundo pertence a todos os seus outros irmãos e irmãs que habitam a Terra. E assim como Deus ama você, ele ama igualmente a todos os seus filhos, sem distinção.

Dessa forma, sua autoridade está limitada ao que diz respeito à sua vida. Isso quer dizer que você não pode fazer um decreto contra uma pessoa que lhe fez mal, pois não pode intervir no livre-arbítrio da vida de alguém. Você tem autoridade sobre sua vida, sua casa, seu casamento, sua saúde, seus filhos, suas empresas, e por aí vai. Uma vez entendida sua autoridade, é preciso compreender contra quem, então, você pode e deve utilizar seus decretos, ou melhor, quem será afetado por eles.

Antes disso, porém, eu quero explicar uma coisa que talvez vá até desanimá-lo um pouco, mas que fará toda a diferença no resultado dos decretos que você fizer. Já entendemos que o decreto é diferente da oração, pois ela é um pedido e o decreto é uma ordem. E assim como vimos no decreto presidencial, o tempo de resposta é imediato.

Quando oramos e jejuamos, a resposta pode demorar, e na maioria das vezes é necessário um tempo entre seu ato e a certeza da resposta de Deus, mesmo que Ele a tenha enviado instantaneamente, como aconteceu com Daniel em seu famoso jejum de vinte e um dias.

As pessoas não atentam para o fato de o anjo ter falado com Daniel no primeiro dia. "Deus me enviou, porém tive dificuldade..." (parafraseando), ou seja, Deus não demora a responder; nós é que demoramos a entender a resposta d'Ele, ou seus anjos demoram para trazê-la. Porém, quando se trata de um decreto, não há espera: você determina quando aquela ordem será cumprida, e ela se cumpre.

Por isso, diferentemente da oração, o decreto não deve ser usado todo dia ou por qualquer motivo. O decreto é a sua arma secreta, sua bomba atômica. Fazendo uma analogia simples, você não deve utilizar uma bomba atômica quando o alvo for uma formiga.

Os decretos são para os momentos em que nada mais deu certo, quando você já fez tudo, todas as outras alternativas se esgotaram e a única opção que você tem é utilizar seu artifício máximo, sua arma secreta. Aí sim você faz um decreto. O decreto age no mundo espiritual, por isso deve ser usado contra principados, potestades e dominadores do mal.

> **"Porque não temos que lutar contra a carne e o sangue, mas, sim, contra os principados, contra as potestades, contra os príncipes das trevas deste século, contra as hostes espirituais da maldade, nos lugares celestiais."**
> **Efésios 6:12**

Acredito que, se você chegou até aqui nesta leitura, está preparado para receber "a receita do bolo", para aprender de uma vez por todas a decretar e para saber como os decretos transformarão sua vida. Mas antes quero deixar algumas experiências pessoais com você.

Eu poderia apenas apresentar aqui um modelo de decreto e deixá-lo solto para você usar de qualquer jeito, porém não iria funcionar, e isso o deixaria frustrado — é óbvio que essa não é minha intenção. O que eu quero é realmente abrir seus olhos para que você trabalhe seu relacionamento com Deus e exerça de forma correta sua autoridade como Filho de Deus.

PARA PODER DECRETAR É PRECISO AUTORIDADE. E QUAL É A AUTORIDADE QUE VOCÊ DETÉM PARA EXERCER A FUNÇÃO DE DECRETAR? A AUTORIDADE DE SER FILHO DE DEUS.

Capítulo 7
MINHAS EXPERIÊNCIAS

O primeiro decreto que fiz na minha vida foi aos treze anos. Naquela época eu era um menino, não tinha nada comparado ao conhecimento que tenho hoje e muito menos sabia ou percebia que estava fazendo um decreto, mas eu fiz.

Não foi um decreto escrito, como hoje ensino e cujos resultados mostro a você; foi um decreto declarado. E daí você já pode tirar mais uma lição: os decretos não precisam ser apenas escritos, eles podem ser declarados verbalmente, e isso não os invalida nem impede seu cumprimento.

Voltando ao que estava contando, aos treze anos fiz meu primeiro decreto. Se você me acompanha há mais tempo e conhece a minha história, sabe que a minha infância foi rodeada de relações difíceis no ambiente familiar.

Uma dessas relações difíceis e que muito me machucava era com o meu pai. Passei por momentos em que, por várias vezes, ouvia dele palavras que me feriam e que na minha cabeça não condiziam com as palavras de um pai para um filho. Muitas delas até me assustavam. Eu então declarei:

> "Senhor, eu reconheço meu pai. Reconheço que ele tem um direito dado pelo Senhor de, como meu pai, me abençoar e me amaldiçoar. No entanto, a relação do meu pai com o Senhor não está indo bem. Ele não tem se relacionado com o Senhor e não O conhece de verdade. Assim, eu quero que o Senhor cancele o direito dele, e para isso eu abro mão das bênçãos e das maldições proferidas por ele. Eu confio e peço que o Senhor desligue, no mundo espiritual, o direito e a autoridade que ele tenha sobre a minha vida. Eu recuso, rejeito e abro mão de qualquer bênção ou de qualquer maldição que venha dele. E que toda maldição ou praga que ele tenha proferido contra mim pare de funcionar".

Eu, Kaisser, não tenho dúvidas de que, sem saber, aos treze anos, o Espírito Santo me direcionou a proferir essas palavras, pois eu não tinha o conhecimento que tenho hoje.

Veja bem: ao declarar ao Senhor meu pedido, eu não abri mão somente das maldições; abri mão de tudo. Para me livrar do peso das pragas e maldições que recaíam sobre mim, tive que renunciar às bênçãos que porventura meu pai já tivesse proferido ou que viesse a proferir sobre a minha vida.

Esse pedido foi similar ao de uma criança que vê seus irmãos sendo abusados em casa, chama a polícia, denuncia o abuso e o juiz tira a guarda dos pais, colocando aquelas crianças em um abrigo. Ou seja, tirando o poder dos genitores naturais, essa perda, de forma temporária ou permanente, dependerá de quão grave tiver sido a situação.

Você pode estar pensando: "Mas, Kaisser, abrir mão somente das maldições não seria mais fácil?". Sim, porém não seria justo.

E, como já aprendemos, Deus é justo. Dessa forma, eu tive que renunciar a toda a herança. Não poderia abrir mão apenas da parte que não queria.

Mesmo com tão pouca idade, você consegue perceber o poder das palavras que eu proferi? Eu rejeitei todas as maldições que o meu pai dissera ou dizia contra mim e tudo mais que pudesse vir junto com aquilo. Não aceitei mais o direito que ele tinha de me amaldiçoar. Eu abri mão.

Talvez, então, você se questione e pense: "Kaisser, você era só um menino. Acha mesmo que Deus ouviria palavras tão sérias vindas de um menino?". Minha resposta é objetiva: sim! Porque, muito mais do que ouvir as palavras de um menino, Deus reconhece a oração e o clamor sincero dos seus filhos.

Naquele momento eu não era só um menino revoltado com o tratamento que recebia do seu pai. Eu era alguém de coração puro, que clamava ao Pai Celestial por misericórdia. E acredito fielmente que Deus escuta nosso clamor, seja falando, escrevendo ou até mesmo ficando em silêncio, pois Ele conhece o íntimo do nosso coração.

> "Antes de clamarem, eu responderei; ainda não estarão falando, e eu os ouvirei."
> Isaías 65:24

Quero que você entenda. Não importa a sua idade, a sua classe social, o tamanho da sua dor, ou como você chegou até este trecho deste livro. O que importa é que você é Filho de Deus. Você tem autoridade sobre esta Terra, e Deus quer que você exerça essa autoridade. Para tanto, basta ter um relacionamento com Ele e ter fé. Eu, com treze anos, tinha uma fé tão grande que fui capaz de quebrar uma sequência de maldições que se abatiam sobre mim.

Os anos foram passando e a vida seguiu em frente. A verdade é que durante muitos anos eu não tinha ideia do que havia feito aos treze anos. Só fui descobrir o que era um decreto vários anos depois.

Dos decretos que fiz, alguns me marcaram, seja porque deram certo, seja porque deram errado. "Como assim, Kaisser? Decreto pode dar errado?" Vou explicar: da forma como eu fiz, deu, mas isso eu conto mais à frente. Dos decretos que deram certo, um se tornou especial, e vou usá-lo como exemplo aqui. Em 2020 eu tinha um grande evento a ser realizado. E o que até então era um sonho tornou-se uma realidade: um evento lindo, que transformaria a vida das pessoas e que agregaria ao Reino.

Logo que o evento acabou, eu achei que iria descansar. Mas o que se iniciou no outro dia pela manhã foi uma das batalhas espirituais mais tensas que já enfrentei. Lembro que, logo ao acordar, no outro dia, eu estava sendo duramente atacado.

Nesse mesmo dia, em meio àquele turbilhão de emoções, eu fiz um decreto. Nesse decreto eu coloquei:

> "Pai, eu peço, por favor, que o Senhor desconsidere tudo o que essa pessoa tenha feito contra mim. Eu renuncio ao meu direito legal de puni-lo, ao meu direito legal de olho por olho, dente por dente. Eu sei que há forças demoníacas atuando sobre ele para que ele faça essas coisas. Mas eu libero o perdão sobre ele".

Após esse decreto, a pessoa mudou totalmente suas atitudes.

Quando você passa a exercer seu poder de decretar e vê seu primeiro decreto se cumprindo, a sensação é tão inexplicável que, falando de uma forma bem simples, "você pira". É um sentimento de poder tão grandioso que parece mágica, parece que tudo aquilo que antes era gigantesco simplesmente some, num piscar de olhos.

Ao entender o poder da sua palavra por meio do decreto, você também entende o porquê de essa arma só ser utilizada nos momentos certos. É claro que, vendo você tamanho poder, a primeira coisa que pensaria em fazer seria começar a decretar o tempo todo, todo dia e por tudo. Mas não é assim que funciona.

Quando decreta, você está exercendo sua autoridade por meio da justiça. Você compreende que é dono desta Terra e para de ficar esperando que Deus faça por você, pois entende que Ele concedeu a você poder e autoridade para agir.

Mas, como diz o ditado: "Grandes poderes trazem grandes responsabilidades". Conforme já aprendemos, não devemos utilizar os decretos em todos os momentos; devemos usá-los nas ocasiões certas. Os decretos são nossa bomba atômica, e, se o alcance da nossa arma é grandioso, só devemos usá-la em situações também grandiosas.

Dessa forma, os decretos devem ser utilizados com sabedoria. Para situações menores, a oração e o jejum devem entrar em ação. Vou contar uma curiosidade para você. Consegui escrever em toda a minha vida, até hoje, enquanto escrevo este livro, uns seis decretos. Isso mesmo, seis!

Saber sobre o poder do decreto não serve para se aproveitar dessa arma. Significa saber que você carrega um escudo altamente poderoso, capaz de blindá-lo das ações do inimigo pelo simples fato de ele saber que você conhece o poder e a autoridade que tem.

É como acontece com as grandes potências mundiais. Ninguém vai mexer com os Estados Unidos pelo simples fato de que todo mundo sabe que esse país tem um arsenal suficiente para tirar qualquer outra nação do mapa. Por isso nenhuma ação é necessária. O país está blindado. É como se em volta dos Estados Unidos existisse um colete à prova de balas que protege todos que estão dentro de suas fronteiras.

E assim é com você. O inimigo olha e sabe que você tem conhecimento, poder e autoridade. Você passa a ser temido e respeitado. Se alguém sabe que você tem uma arma, uma bomba nuclear capaz de destruí-lo em segundos, você acha mesmo que essa pessoa iria tentar algo contra você? Não!

É assim que funciona no mundo espiritual. Pelo simples fato de o inimigo saber que você tem o poder, só de você ter tomado posse da sua autoridade como Filho de Deus, ele teme você.

Dessa forma, um caderno de decretos é algo que dura uma vida inteira, que pode ser passado para seus filhos, netos e ficar na família por gerações. O meu caderno de decretos é tão lindo e especial, um presente tão bem-feito que ganhei, que certamente ficará em nossas vidas por anos e anos e que deixarei de herança para meus filhos, para que eles deem continuidade.

Antes de falar com você sobre os decretos que dão errado, quero abordar um detalhe do decreto que apresentei há pouco e que, apesar de não fazer parte do nosso tema central, acredito ser um conhecimento muito valioso e não posso deixar de compartilhá-lo.

Se você voltar ao decreto anterior, verá que a última frase é: "Mas eu libero o perdão sobre ele". E é sobre o perdão que eu gostaria de falar com você. Vejo muitas pessoas confundindo o perdão com um sentimento, mas o perdão não é um sentimento. O perdão é uma escolha.

Quando você escolhe perdoar alguém, deve falar com Jesus e entregar toda a raiva que sente nas mãos d'Ele. Abra o mais profundo do seu coração e deixe todo e qualquer sentimento ruim simplesmente ir. Isso significa que você precisa voltar a ser amigo da pessoa? Não! Isso significa que você nunca mais se lembrará do que aconteceu? Não! Significa que, ao se lembrar do que aconteceu, você não será mais tomado por sentimentos negativos, que escolheu seguir em frente, deixando as mágoas para trás.

Há pouco tempo me contaram uma história que representa muito bem o perdão. Existia um rio que não era muito fundo, e havia um monge e seu aprendiz que sempre ficavam à beira desse rio meditando. Um dia, apareceu um anão e ele pediu que o monge o ajudasse a atravessar o rio. O monge então colocou o anão nas costas e começou a travessia.

No trajeto pelo rio, o anão acabou molhando os pés. Ao chegar à outra margem, bastante nervoso, ele olhou para o monge e disse: "Olha o que você fez! Meus pés estão molhados".

Vendo aquela cena, o aprendiz ficou atordoado e, assim que o anão foi embora, perguntou: "Mestre, por que não respondeu a ele? Ele não viu que, enquanto ele molhou os pés, o senhor molhou metade do corpo?". O monge então sorriu e nada respondeu.

Os dias foram passando e o jovem aprendiz nunca esquecia a história do anão. Sempre que tinha uma oportunidade, ele perguntava novamente ao monge por qual motivo não havia respondido ao anão. Em uma dessas oportunidades, o monge gentilmente olhou para seu aprendiz e disse: "Meu jovem aprendiz, dias se passaram e você continua pensando nessa história. Eu carreguei o anão uma vez, mas você continua a carregá-lo por todos esses dias. Deixe-o ir".

E assim é quando decidimos perdoar. Precisamos apenas deixar os sentimentos ruins irem embora, liberar o perdão e, principalmente, seguir com a vida. Enquanto o aprendiz continuava se lembrando do episódio, ele perdia tempo e deixava de pensar em coisas que realmente o edificariam. E assim é na nossa vida. Quando perdemos tempo pensando em coisas que aconteceram e nos machucaram, travamos nossa mente e impossibilitamos que novas experiências aconteçam e que a vida siga seu fluxo.

Enquanto você estiver preso, a vida vai continuar seguindo. Quando você acordar, verá que perdeu muito tempo em situações que nunca proporcionaram uma boa experiência.

Falando em boa experiência, só que ao contrário (risos), agora sim quero falar sobre o decreto que não deu certo. Sim! Isso aconteceu. E foi ótimo ter acontecido antes que eu publicasse este livro, pois possibilitou que eu trouxesse uma experiência mais real para você e ainda mostrar o que não deve ser feito quando o assunto é decretar.

Certo dia, eu estava decidido a fazer um decreto sobre uma situação que muito me magoava. Eu me preparei, peguei meu caderno de decretos, sentei-me à mesa e comecei a escrever. Estava certo de que estava tomando a melhor atitude naquele momento.

Quando terminei, pensei: "Pronto, problema resolvido". Guardei meu caderno e tive a certeza de que aquele assunto estava encerrado. E sabe o que aconteceu? Nada! Isso mesmo. Nada aconteceu.

É claro que isso me fez muito mal, afinal os decretos não estavam funcionando mais como antes. Anteriormente era como se as coisas acontecessem magicamente, e naquele momento eu simplesmente não conseguia entender o motivo pelo qual nada havia acontecido, já que o decreto tem cumprimento imediato.

Como qualquer outro ser humano, minha primeira reação foi a "revolta". Eu não conseguia compreender e ficava questionando a situação. Mas bastou passar um tempinho que eu comecei a me lembrar das coisas em que acredito. Daí, lembrei que nada do que está escrito na Bíblia é inútil, que a Palavra de Deus é única, que Ele não é de mentir.

Naquele momento eu ainda não sabia onde estava meu erro, mas tinha certeza de que o problema estava em mim. Meu objetivo, a partir disso, seria apenas um: descobrir em que eu tinha errado.

Comecei então a analisar meu próprio decreto. Não demorou muito e consegui encontrar meu erro. Era algo tão claro, mas, como eu estava movido pela angústia, não enxergava. Porém, ali estava a resposta que eu tanto procurava. Ao analisar meu decreto, percebi que havia nele algo bastante diferente dos outros que eu havia feito e que deram certo: era contra quem eu decretei.

Isso mesmo! Lutei uma batalha contra o inimigo errado. Mesmo com todo o conhecimento que eu tinha, com todas as experiências que já havia vivido, não consegui deixar de lado a dor que me consumia, e, assim, não identifiquei corretamente meu inimigo.

Como falei anteriormente, os decretos atuam no mundo espiritual. Eles devem ser contra principados, potestades e dominadores do mal. Desse modo, quando fiz um decreto que ia diretamente contra uma pessoa, recriminando suas atitudes e querendo "justiça", usei minha arma, minha bomba atômica, de forma errada, e não obtive o resultado esperado.

Um grande conselho que deixo para você neste livro é o de aprender com os erros dos outros. Se você aprender com o erro que eu cometi, certamente conseguirá criar seus decretos com mais sabedoria e assertividade.

Deixo claro também que o decreto não serve para coisas banais. Fazer um decreto para ficar milionário você pode fazer, mas não é assim que funciona. Se estamos trabalhando no mundo espiritual, nossos decretos agirão no mundo espiritual, e, claro, os resultados nós vivenciaremos aqui na Terra.

Além disso, para alcançarmos sucesso em nossos decretos, precisamos entender como o mundo espiritual é regido e, mais uma vez, reconhecer que, assim como no mundo natural, no espiritual também há leis, direitos e deveres.

Para praticar qualquer ação, é necessário ter legalidade. Sem legalidade (como era o caso do meu decreto, em que eu não poderia agir sobre o livre-arbítrio de alguém), nada acontece. Dessa forma, saber reconhecer o inimigo fará toda a diferença em nossa batalha espiritual. Precisamos reconhecer que, muitas vezes, atrás do agir de alguém, há influências malignas agindo e atuando por intermédio da vida dessa pessoa.

Eu sempre acredito que Deus fala conosco a todo momento. Muitas vezes temos dificuldade para escutar, mas Ele está em comunicação constante conosco. Quando fiz esse decreto que deu errado, senti que minha comunicação com Deus não estava totalmente sintonizada.

É como se eu estivesse ouvindo a rádio FM e Deus estivesse falando na AM. A questão é que eu estava na sintonia errada. Deus nunca para de se comunicar conosco; nós é que saímos da sintonia e paramos de ouvi-Lo.

Quando Deus entregou seu Filho para morrer por nós, Ele fez muito mais do que dar um exemplo de amor; Deus nos deu a oportunidade de nos reconectarmos diretamente com Ele.

Para tanto, basta que você sintonize a frequência correta e passe a escutar o que Ele preparou para a sua vida.

Se cuidarmos do nosso relacionamento com Deus e permitirmos que Ele nos use como instrumentos do seu Reino, se buscarmos o conhecimento necessário para atuarmos como generais nas batalhas espirituais, não tenho dúvidas de que o Senhor nos proporcionará vitórias nunca dantes imaginadas por mim ou por você. E não é porque eu mereço ou porque você merece, é porque o Espírito de Deus habita naqueles que entregam sua vida a Ele.

> "Pois o Senhor, o seu Deus, os acompanhará e lutará por vocês contra os seus inimigos, para dar a vitória a vocês."
> Deuteronômio 20:4

PELO SIMPLES FATO DE O INIMIGO SABER QUE VOCÊ TEM O PODER, SÓ DE VOCÊ TER TOMADO POSSE DA SUA AUTORIDADE COMO FILHO DE DEUS, ELE TEME VOCÊ.

Capítulo 8
O DECRETO

Vou começar este capítulo do livro de uma forma diferente, fazendo uma proposta a você: se chegou até aqui, depois de ter lido todos os capítulos anteriores, tudo bem, vá em frente e tenha acesso ao modelo do decreto. Mas, se você veio direto a este capítulo e se o seu intuito é somente pegar o modelo do decreto, minha proposta é: pare agora mesmo!

O objetivo deste livro não é apenas passar um modelo pronto de um decreto que realmente funciona. É mais do que isso. É explicar todos os aspectos que proporcionarão a eficácia dos decretos feitos por você baseados neste modelo.

Isso significa que, se você chegar a este capítulo e começar a ler daqui para a frente, não entenderá a essência do que está buscando. Então, antes de copiar o modelo a seguir, se você ainda não leu os capítulos anteriores, pare e comece a ler o livro do início. E prepare-se para usar o modelo que apresento a seguir.

Modelo do decreto real

"Porque, se pela ofensa de um só, a morte reinou por esse, muito mais os que recebem a abundância da graça, e do dom da justiça, reinarão em vida por um só, Jesus Cristo."
Romanos 5:17

"Jesus deu-lhes poder e autoridade sobre todos os demônios e para curar as doenças."
Lucas 9:1

Eu (escreva aqui seu nome completo), pelo poder e autoridade que me foram concedidos por meio do sacrifício de Jesus Cristo na cruz do calvário, o qual me deu o poder de ser feito Filho e Herdeiro de Deus e reinar em vida, justificado e com poder e autoridade para reinar na Terra, decreto que: (e então você escreve seus decretos; colocarei exemplos a seguir).

- Os espíritos malignos que têm atuado em meu casamento caiam por terra agora e sejam impedidos de agir.
- Os Anjos do Senhor acampem ao redor da minha empresa e a guardem de todo mal, e que seja revelada a mim toda a brecha espiritual que tenha permitido o inimigo agir nesta área.
- Os espíritos que têm produzido enfermidade em (o nome da pessoa que deseja abençoar) sejam impedidos de tocar nela pelo poder e autoridade de Cristo, concedendo agora a cura em nome de Jesus Cristo.

Não por mim, mas por Aquele que me enviou, o qual me deu poder de curar enfermos, expulsar demônios e fazer obras ainda maiores do que Ele, eu ordeno que imediatamente se cumpra no mundo espiritual este decreto.

Por minha livre e espontânea vontade, no exercício do poder e autoridade que me foram concedidos por meio do sacrifício de Cristo, o qual me tornou digno e justificado, ordeno que se cumpra imediatamente.

Assinatura: (você assina o seu decreto)

Como estudamos neste livro e como você pode conferir no modelo, os decretos têm uma estrutura definida. Primeiro vem o título, que identifica o que são o documento e o embasamento da sua autoridade em decretar.

Em seguida, assim como no decreto presidencial, vem a apresentação, ou seja, quem emite o decreto. Na sequência, colocamos em que está justificada sua autoridade. E, dessa forma, apresentando-se ao mundo espiritual e mostrando sua identidade de Filho de Deus, com a autoridade concedida por Ele para reinar em vida, você decreta.

Como nos exemplos apresentados, os decretos atuam no mundo espiritual, e com isso seus benefícios são sentidos no mundo natural. Você deve decretar contra principados, potestades e dominadores do mal, nunca contra pessoas.

Após os decretos, você relata em nome de quem você age e determina, por meio da sua autoridade, que o decreto se cumpra, assinando-o ao final.

"PORQUE, SE PELA OFENSA DE UM SÓ, A MORTE REINOU POR ESSE, MUITO MAIS OS QUE RECEBEM A ABUNDÂNCIA DA GRAÇA, E DO DOM DA JUSTIÇA, REINARÃO EM VIDA POR UM SÓ, JESUS CRISTO."
ROMANOS 5:17

Capítulo 9
O CADERNO DE DECRETOS

Se você leu todo este livro, talvez neste momento esteja se perguntando se é necessário um caderno físico para seus decretos. Eu mesmo contei que aos treze anos fiz meu primeiro decreto e ele foi verbal, não escrito.

Vou ser objetivo: precisa de um caderno físico? Não! Mas sugiro que você tenha o seu. Primeiro, para ter as palavras de ordem documentadas; posteriormente, para relembrar os feitos de Deus na sua vida e a autoridade que você exerceu por meio do poder que Ele lhe concedeu.

Antes que você comece a se preocupar com o caderno, quero deixar claro que o caderno de decretos é um caderno simples. Ter uma capa diferente ou enfeites especiais, ou deixar visível essa finalidade, já é uma escolha sua. O que é realmente importante é que o caderno seja para uso exclusivo dos decretos e que você o guarde com carinho.

RELEMBRE OS FEITOS DE DEUS NA SUA VIDA E A AUTORIDADE QUE VOCÊ EXERCEU POR MEIO DO PODER QUE ELE LHE CONCEDEU.

Capítulo 10
A VITÓRIA

Quando recorremos a um decreto em nossas batalhas espirituais, estamos recorrendo à arma mais poderosa que temos em mãos. E se, em uma guerra, você tem uma arma capaz de vencer imediatamente o inimigo e a usa, o que você espera? A vitória.

A fé é a certeza das coisas que não vemos, mas nas quais cremos. Quando assina seu decreto, você deve fazê-lo com a confiança de que ele funcionará na hora e da maneira como você determinou.

Tenha cuidado com as armadilhas e com os ladrões de bênçãos. Quero compartilhar um conselho com você, bem simples, que eu precisei aprender a duras penas, com muita dor, antes que este livro finalmente pudesse ficar pronto.

Você precisa perdoar!

Sim, você precisa perdoar. Então, se o seu decreto for contra espíritos malignos que estão agindo sobre a vida de alguém que está contra sua vida, que o magoou, que o feriu ou traiu, você precisa perdoar aquela pessoa específica. A carne que pecou contra você não tem culpa.

Sabe marionete? Essa pessoa era só uma marionete na mão dos espíritos malignos. Mais uma vez repito o que está nas Escrituras: nossa luta não é contra carne, nem sangue, e sim contra principados, potestades e dominadores do mal. E o decreto cortará as linhas da marionete na vida daquela pessoa, mesmo que os espíritos que estão agindo sobre a vida dela tenham legalidade para isso. Eles perderão o poder de agir no que tange à sua vida, pois sobre essa você tem o poder de decretar.

Uma vez feito isso, aja como Jesus na cruz do calvário, que disse: "Pai, perdoa-lhes, pois eles não sabem o que fazem" (Lucas 23:34). Assim, recomendo a você que ore após decretar e peça ao Senhor que perdoe seu agressor, que perdoe aquele que se levantou contra você. Renuncie à sua vingança. Sim! Você tem direito a uma vingança e eu recomendo que abra mão dela.

"Por que abrir mão da vingança, Kaisser? Você está falando isso porque não sabe o que essa pessoa fez comigo." Eu não sei o que essa pessoa fez contra você, mas sei o que você fez com Deus. Você era um pecador imundo, você traiu o seu próprio Deus, o seu criador. Você falhou com Ele e, provavelmente, ainda poderá falhar de novo. Mas não importa o que você tenha feito, nem o que venha a fazer no futuro, Ele sempre o perdoará. O amor d'Ele por você não muda.

Suas ações não podem mudar o que Deus sente por você, assim como não mudam o que Deus sente por essa pessoa para quem você tem dificuldade em liberar o perdão. Entenda de uma vez por todas: perdão é uma decisão, não um sentimento. Você decide perdoar, você declara o perdão, você pede ao Pai para restaurar seu coração.

Sim, porque uma coisa é perdoar, outra é ter nosso coração restaurado. Somente Deus tem o poder de fazê-lo, e só fará isso se você deixar que Ele faça. Então, agora que você sabe decretar, que você já decretou, aqui está sua vitória! Perdoe!

A vitória está no perdão, está em renunciar à vingança e em trocar os sentimentos de dor, medo, raiva, ou qualquer outro que seja ruim por um sentimento de gratidão. Pense: se não tivesse passado por isso, talvez você não tivesse lido este livro.

Se você não tivesse sofrido com essa situação, talvez não tivesse se aproximado tanto de Deus. Então, não veja o copo meio vazio; veja-o meio cheio. Entenda que Deus ama você e seu agressor exatamente do mesmo jeito, e nada pode fazê-Lo amar você mais ou menos, assim como nada fará Deus amar mais ou menos aquele que o feriu.

Não confunda o amor de Deus com a falta de consequências. O pecado sempre deixa marcas.

Quando você perdoa, não é que a pessoa fica livre de tudo o que fez contra você. Na verdade, é você que fica livre dela, e essa pessoa agora deixa de ser um problema para você. E no tempo certo, se o Senhor assim o quiser, Ele a corrigirá como achar que deve. Porque Ele é Deus zeloso, Ele é seu Pai, e o ama incondicionalmente.

É como uma briga de irmãos, sabe? Você pode tentar resolver sozinho, ficar com raiva ou entregar tudo na mão do seu Pai, que é muito justo e nunca falha na justiça, e dizer: "Pai, está tudo aqui. Eu já dei ordem a todos os principados e potestades para não agirem mais na vida da pessoa. Já liberei meu perdão e peço ao Senhor que a perdoe. E agora entrego todo o caso em Sua mão para julgamento!".

E Ele cuidará. Minha recomendação é que você não fique olhando o que Ele fará. A Bíblia nos alerta, dizendo que, se Deus estiver corrigindo um filho e você sentir prazer na correção, Ele irá parar a correção daquele filho e corrigir você, igual os nossos pais normalmente fazem, não é mesmo?

Hoje consigo compreender que, nas batalhas espirituais, a real vitória sobre um decreto não é o que se apresenta no mundo natural, mas tudo o que acontece no espiritual. Se você pudesse ver o inimigo sendo derrotado por meio da sua palavra, saberia como é magnífico presenciar a glória de Deus sendo manifestada na sua vida. Com este livro, eu também tenho um objetivo de vitória. Minha vitória é ver você reconhecendo sua real identidade, agindo como Filho de Deus, governante desta Terra, sabendo reconhecer seus inimigos e utilizando as armas corretas.

Eu, Kaisser, de coração, espero que você entenda que, só de receber este conhecimento, o inimigo já passou a olhar você diferente. Ele teme que você use o seu conhecimento, o seu poder e a sua autoridade sobre ele.

Para que você entenda de uma vez por todas: se hoje eu desse a você um cheque no valor de cinco milhões de reais, assinado por mim, e dissesse "Olha, você vai descontar esse cheque em dez dias", você estaria milionário daqui a dez dias ou hoje? Hoje! Porque o cheque já está em suas mãos. Você sabe que vai resgatá-lo, e isso já muda a sua mentalidade. Você sabe que já está rico.

Assim é com o que eu apresentei neste livro. Você tem, neste momento, todo o conhecimento de que precisa para vencer suas batalhas. Você não precisa usar esse poder hoje, amanhã ou daqui a um ano. Talvez você nunca precise utilizar sua bomba atômica. Mas sabe que já é um vencedor.

Você já se tornou um vencedor no momento em que adquiriu o conhecimento sobre o poder do decreto. Você já é vitorioso, porque desde agora o inimigo entende que está lidando com alguém que sabe do seu próprio papel nesta Terra. E que você conhece o poder e a autoridade que lhe foram conferidos por Deus para governar.

> "Então me disse: não temas, Daniel, porque desde o primeiro dia em que aplicaste o teu coração a compreender e a humilhar-te perante o teu Deus, são ouvidas as tuas palavras; e eu vim por causa das tuas palavras."
> **Daniel 10:12**

Agora você pode deixar de ser uma marionete neste mundo. Ao receber este conhecimento, você está cortando qualquer amarra ou legalidade que possa existir no mundo espiritual, que conceda ao inimigo a liberdade de agir sobre a sua vida ou por meio dela.

Você agora está pronto. Espero do fundo do coração que, terminando esta leitura, uma paz inexplicável já tenha inundado seu coração. Que, a partir de agora, você entenda que já venceu até as batalhas que ainda não lutou. E que, sim, você nasceu para reinar, pois é Filho do Rei e Ele mesmo deu a você o poder e a autoridade para isso.

NÃO CONFUNDA O AMOR DE DEUS COM A FALTA DE CONSEQUÊNCIAS. O PECADO SEMPRE DEIXA MARCAS.

Capítulo 11
MEU PRIMEIRO DECRETO

Decreto real

"Porque, se pela ofensa de um só, a morte reinou por esse, muito mais os que recebem a abundância da graça, e do dom da justiça, reinarão em vida por um só, Jesus Cristo."
Romanos 5:17

"Jesus deu-lhes poder e autoridade sobre todos os demônios e para curar as doenças."
Lucas 9:1

Eu, _____,
pelo poder e autoridade que me foram concedidos por meio do sacrifício de Jesus Cristo na cruz do calvário, o qual me deu o poder de ser feito Filho e Herdeiro de Deus, me concedeu o poder de reinar em vida, justificado e com poder e autoridade para reinar na Terra, decreto que:

_____
_____
_____
_____
_____
_____
_____
_____
_____

Não por mim, mas por Aquele que me enviou, o qual me deu o poder de curar enfermos, de expulsar demônios e de fazer obras ainda maiores do que Ele, eu ordeno que este decreto se cumpra imediatamente no mundo espiritual.

    Por minha livre e espontânea vontade, no exercício do poder e autoridade que me foram concedidos por meio do sacrifício de Cristo, o qual me tornou digno e justificado, ordeno que se cumpra imediatamente.

Assinatura: _____

Agradeço à minha esposa e companheira, Ray, que sempre me apoia e me incentiva a ser um pai melhor, um homem melhor e, acima de tudo, um cristão melhor.

Anotações

FONTES Lyon, Faune
PAPEL Alta Alvura 90 g/m²
IMPRESSÃO Santa Marta